MY KIDS TRAVEL

娃游记

幼童版

豆果妈 等 著

上海社会科学院出版社
Shanghai Academy of Social Sciences Press

前言

怀孕前，我是一个旅行爱好者；现在，我是一个新手妈妈。老大 33 个月的时候，我们计划带他去日本旅行。因为对日本一无所知，就上了穷游网、蚂蜂窝网、携程网找亲子游的相关游记和攻略。

那是我们第一次带孩子长途旅行。我很希望能找到一些有与我家豆豆年龄相仿的孩子的父母写的游记，看看什么样的行程适合孩子，哪些景点或项目是孩子喜欢的，哪些酒店对孩子更友善亲和，哪些饭店的口味适合低龄宝宝。当然，我更希望能找到不是走马观花的游记，看看"别人家的亲子旅行"是什么样的。但是很遗憾，虽然有成千上万的游记，但是除了几篇带孩子游玩的流水账，我几乎没找到任何真正的亲子游记。而且即便文中有孩子，孩子也好像只是行李和游客，很少有行程会考虑孩子的需求。

于是就有了【娃游记】公众号——既然找不到，那不如我自己来做一个吧。

日本回来，我把自己设计的"'交通科学＋动物亲密'之旅"写成了 4 篇详细的游记，发布在公众号上，立刻就有好多爸爸妈妈在后台留言，说这个旅行太棒了，特别适合孩子，他们也想为孩子设计旅行，想要走一下我们的路线……我当时就想，原来游记还真挺有用的，于是把之前去济州岛的度假也写成了游记，又跟周围几位熟识的亲子游达人妈妈约了稿，就这样，【娃游记】慢慢红火起来了。

这本书里收录了【娃游记】公众号中适合2到5岁孩子家庭的亲子游记以及几篇和娃游相关的文章。它们有些来自我带着孩子家人旅行的亲身体验，有些来自周围亲子游达人妈妈们的回忆和用心整理，还有些来自育儿专业领域大咖们的建议和分享。

做【娃游记】，我其实有些不那么popular的小执著。一直觉得旅行是件很私人很主观的事，亲子旅行更是因为孩子的独特性而打上了每家每户不同的烙印。所以，和网上那些罗列信息、记流水账的攻略游记不同，娃游记里收录的文章，我都力图做到"主观的真实"，就是你和你们一家自己看到的、经历的、体会的，不一定客观准确，但一定不假。每个年龄段的孩子都有不同的需求和表现，每个家庭的孩子又截然不同，所以入选【娃游记】的文章，我也要求尽量避免大众景点和路线，而着重挑选那些为了孩子和家人精心设计路线、选择景点，并且能很好地记录全家人在游玩中的特别感受的文字。即便是大众目的地，也要尽量写出个人和家庭的独特角度。我希望呈现给大家的，不仅仅是一次带孩子的旅游，更有一个家庭的旅行观、育儿观和价值观。

这本书里的游记，近到江浙、港台，远到美国、澳洲，当然写的最多的还是东南亚——那些特别适合2到5岁低龄孩子旅行的国家和城市。而5到8岁孩子的《娃游记》，也将由上海社会科学院出版社不久后推出。孩子年龄不同，爸爸妈妈们考虑旅行目的地的条件会有很大差异，但愿这本书能给你有用的参考。

读万卷书，行万里路。翻开这本《娃游记》，就是一个很好的开端。

世界很大，孩子还小。慢慢来，你也可以从关注【娃游记】开始（公众号：mykidstravel）。如果你想加入我们的娃游队伍，找到一起娃游的伙伴，请扫描右边二维码，加入我们的"娃游达人群"，一起带孩子去看更大的世界。

目 录

001 前言

1 可以说走就走的亲子游
去了三次的桐庐巴比松

9 带4岁女儿自驾游云南
喂海鸥·泡温泉·赏花海

17 忘记迪士尼吧！
带小娃去香港有更生动的玩法

23 为你而来
给3岁橙子定制的十一天台湾之旅

35 带着多拉走世界
台湾花莲

页码	内容
147	带着多拉走世界 道格拉斯港
157	2岁娃「房车」酷游美西 羚羊谷·大峡谷……
170	增值阅读 I 「在一起」是比「我爱你」更高的承诺 ——心理咨询师的娃游随笔
181	增值阅读 II 摄影师私房心得 ——用照片书写娃游故事
193	增值阅读 III 资深攻略党的出国亲子游准备目录 （附 To Do List）
201	后记

目录

43 日本10天「交通科学+动物亲密」之旅
大阪·奈良·箱根·东京

69 两岁半宝宝的超完美假日
济州岛新罗酒店深度亲子游

77 不走寻常路
清迈7日亲子游

103 新加坡最佳放娃场指南
二位妈妈联合推荐

117 普吉岛
最美最欢亲子游记,没有之一!

127 带着多拉走世界
巴厘岛之努沙杜瓦·金芭兰·乌布

139 带着多拉走世界
澳大利亚:去悉尼过夏天的圣诞

Hillary

TONGLU
可以说走就走的亲子游

去了三次的桐庐巴比松

- 目的地：浙江 杭州 巴比松庄园
- 娃 龄：12岁 5岁
- 关键词：说走就走 山野自然游
- 消 费：非常低廉

现如今，亲子游几乎融入了每一个家庭的日常生活。只是欧洲、美国、澳大利亚、新西兰，甚至近距离的日本、韩国，都很难做到说走就走。如果没有提前的准备，要花不少冤枉钱。

在上海的好处就是很容易就可以到山清水秀风光好的浙江。浙江桐庐巴比松——这个我们去了三次的度假村，可以让人很easy地去享受一个短小精悍但是极度放松的假期，花费不多，行程简单。

豆果妈

Hillary 有两个特别棒的孩子，哥哥12岁，妹妹5岁。她还是一名专业儿童摄影师。有个摄影师妈妈的好处，大家读完此文就知道了。

2007年我们去了两次，第一次住小木屋，卡内小舍，外面看着不错，内里条件很一般。所以第二次我们果断选择了标准间，内里的环境和设施好了很多

2013年我们再去，庄园变化很大，又有了新的二期，便住在那里，楼下就是游泳池，还有一个新的餐厅，吃饭游泳都方便

Part 1　吃

前两次我们是2007年去的，基本是在巴比松庄园里的餐厅解决。有土鸡也有一些农家菜。

2013年是第三次去，多少年过去了，桐庐发展越来越好，桐庐县城很多饭店都不错，选择不少，从庄园开车出来也很方便。

Part 2　住

就在巴比松庄园。目前价位适中的房间大约四百多元人民币一晚。还有复式的房间，适合带老人同行的家庭。

Part 3　行

几次都是自驾去的，上个超实用自驾路线。

【上海—桐庐巴比松米勒庄园】

沿沪杭高速公路行驶进入杭州绕城公路西线，至转塘收费站换杭新景高速，桐庐出口下，后面跟着指示牌往大奇山方向走很方便。

> **TIPS　庄园地址**
> 桐庐县大奇山路1088号，大奇山森林公园附近。

Part 4　玩

　　庄园内有适合小朋友的小型游乐设施。射箭场、骑马场和卡丁车等则适合大孩子和成人。

　　泳池只有露天的，所以只有盛夏才能游泳。

　　如果庄园里面玩不够，桐庐的自然景观也不少。我们去过的天目溪漂流和瑶琳仙境，还有红灯笼外婆家等农家乐都不错。

　　那里空气真的很好，在庄园也可以轻松度假。如果想要出去走走，也很方便。2007年哥哥5岁时，我们选择了在五一、十一这种国内景点人山人海的日子去那里度假，却是别样清静。2013年，又和BFB的小伙伴6家人再度去了巴比松，因为听说那里又开发了不少新鲜玩意儿，比如薰衣草啊薰衣草。

当年的某个清晨，凡凡哥哥（我的大儿子）还在酒吧外面的高脚凳上留了个背影儿

🚗 巴比松的"美"和"趣"

  2007年五一假期，第一次巴比松之行。卡内小舍的正面和反面看起来古朴而葱郁。2007年我们第二次去时入住的标准间新楼，房间设施相对好很多。两次巴比松之行我们几乎都是在这里吃的。有小木屋包房，农家菜和土鸡都很好吃。

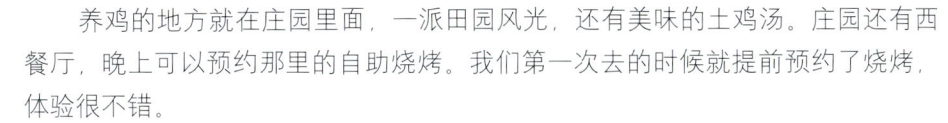

养鸡的地方就在庄园里面，一派田园风光，还有美味的土鸡汤。庄园还有西餐厅，晚上可以预约那里的自助烧烤。我们第一次去的时候就提前预约了烧烤，体验很不错。

说到烧烤，在大草坪那边还有一个大型烧烤区，不过我们没有尝试过。

除了几个中餐厅、西餐厅，西餐厅附近还有个酒吧。西餐厅外面还有小朋友的游戏设施。秋千滑梯，永远是孩子的最爱。2013年去的时候，这个区域依旧，只是多了些新鲜的东西。2007年的时候去，这里就有游泳池，在西餐厅的后面。从泳池看下去就是菜田，那天我们看到菜农正在忙碌。

去年再去，新建的二期标准间下面就有泳池，我们去的时候露天泳池还未开放。

整个庄园不小，外面还有茶园，在茶园里面兜兜，在庄园里面走走都很美妙。

清晨的巴比松，除了竹林茶园，还能看到碧水。

在庄园外面的茶园，凡凡可以玩儿捉迷藏，把用小野莓和绿叶做的花环戴起来。赞不赞！

再来说说适合小朋友玩儿的。除了刚才提到的小小游乐设施、泳池，庄园里还有大片的草地。射箭场、骑马场都是 2007 年就有的，2013 年第三次去，除了多了薰衣草花田，还多了卡丁车场地，正好我家长大了的凡凡哥哥，又找到了新的心头好，玩了几次卡丁车。

射箭场和卡丁车我都没去，好像也没有照片，大家脑补下，蛮好玩，尤其适合男生。

马场一直在，我家当年 5 岁的哥哥和 2013 年不到 5 岁的妹妹都过瘾了

再来说说去年我们去的时候遇到的花田。

新开发的二期标准间外面就是一片新开发的大草坪，也有一片很美的紫色花朵，不过不是薰衣草，是鼠尾草和马鞭草，加上各色小野花，也很美，还有围起来的羊驼，让不少小朋友围观。

大草坪上人很多，羊驼那里更不用说，我们在鼠尾草的另一边草坪上，人少了很多，阴沉的天，但是空气很赞，远处青山如黛，没想到拍出了能呼吸的照片！

2013年6月端午节，我们去的时候，薰衣草正在开放，薰衣草的花期是在6月份。有些可惜的是我们去的时候，赶上了下雨。

薰衣草花田旁边还有大片的黄色小花，也很美。

2013年去巴比松看薰衣草的一些小片让不少朋友中了"毒"，其实庄园本身玩儿的东西不少，顺便可以在薰衣草里拗造型，算是加分。不过实话实说，也因为薰衣草的盛名，这里人比几年前去的时候多了不少，这是我不太喜欢的。

庄园里面还有杨梅树可以采摘。我们临走想去，不过天气不好，加上当时好像没有人售票安排，我们就在树下看看捡了几粒体验了一下，赶上时节的同学们可以好好玩一玩这个项目。

整个巴比松庄园各处的宾馆住所都是比较低矮的楼，视野很开阔

2013年去的时候，感觉薰衣草还不是很茂盛，希望越来越茂盛，越来越美丽吧

这么写下来，可玩儿的真不少吧。其实，如果庄园里面还玩儿不够，附近的大奇山森林公园真心是天然氧吧。

我们已经去了三次，随便贴贴小景图片也不少，啰嗦了许久把巴比松介绍一番，我和巴比松也算有缘。关键的关键，还是这里的方便和实惠，可以说走就走。

　　对于孩子来说，他们不会因为旅行花费多而更开心，他们的快乐很纯粹。而从我的亲身体验来说，这里的种种都让我们的孩子很快乐。

　　轻松、自在、孩子开心的亲子旅行，我们都可以拥有！

END

亲子家庭摄影师 & 摄影知识技巧传播者

文：蜜枣

图：蜜枣 & 沈剑

YUNNAN

带4岁女儿自驾游云南

喂海鸥 · 泡温泉 · 赏花海

- 目的地：云南
- 行程：昆明—澄江—元阳—弥勒—罗平
- 娃 龄：4岁
- 天数：7天
- 时节：春节
- 关键词：抚仙湖 梯田 温泉 花海 红嘴鸥
- 着装：白天毛衣加抓绒衫，晚上再加羽绒背心

为什么选择这条线路：

1. 即使是在春节旅游旺季期间，吃住行也很方便；
2. 春节期间是云南最美的时候，气候温暖晴朗；
3. 在抚仙湖边捡石头，在元阳梯田田埂行走。

昆明—澄江

路　况：双向两车道

从昆明开到抚仙湖所在的澄江县大概 2 个小时，快到抚仙湖的时候路边粉色的樱花、黄色的金合欢，争相绽放，从上海的雾霾中突然来到如此蓝天白云的所在，真是神清气爽啊！

抚仙湖是国家一类水源地，湖水可以直接饮用，水下还有一个古城，这里的水清澈见底，岸边还有白沙和巨树，来到这里仿佛来到海边，凉风习习，让人心旷神怡。孩子们特别喜欢这里，赤脚踩在沙滩上、挖沙、在水边捡石头或者跳到铁皮船上去玩。湖边的小石头特别漂亮，两个孩子不停地发现各种颜色的"宝石"如获至宝地放在玻璃瓶中。

TIPS
1. 当地超市卖的瓶装矿泉水特别甘甜爽口，一定要喝，铜锅鱼也很美味！
2. 住宿推荐抚仙湖悦椿度假酒店，有沙滩、儿童乐园，也是落日最佳观赏地。
3. 顺时针自驾环湖，车道紧靠湖边，景色优美如在画中。

🚗 澄江—元阳

路 况：盘山道，较窄

  元阳梯田是联合国自然文化遗产，为哈尼族先人时代开垦而成。每年在春节前放水灌溉，梯田水面反射出天光云影的壮丽美景。

  梯田风景旖旎动人，虽然身处哀牢山中，却充满了水乡的气息。绿色的水草、红色的浮萍、天空倒影的蓝色，共同造就了一幅生动美丽的画面。孩子们最喜欢在迷宫般的梯田上行走，脚踩狭窄的田埂，犹如走独木桥。田埂不但窄，还软软的，是对平衡能力的极大考验，连大人也觉得有趣，孩子们更是兴奋地比赛看谁走得快，来来回回不知疲倦！

TIPS

1. 如果想和穿民族盛装的当地人合影，买一个煮鸡蛋即可。
2. 一定要早起看梯田日出和晨雾，幸运的话能够看到五彩云霞，绝对好兆头。
3. 胜村、老虎嘴和箐口三个村的梯田各有特色，都值得一看。

元阳—弥勒

路 况：前半段盘山路，后半段土路

　　云南地热资源丰富，弥勒红河谷温泉坐落于国家热水源保护地所处的一座小岛上，背山面水景色宜人，出入的客人由快艇接送。这里涌出的泉水有67℃，经过冷却流入温泉池中，出水池里厚厚的钙化沉积，证明这是实打实的天然温泉，不是那种锅炉水冒充的。

　　这里远离喧嚣，环境清幽，有鸡舍、菜圃、羊圈，路边盛开着高大的金合欢，黄色的小花像毛绒球一样可爱。孩子们在温泉池里打水仗，从菜园里摘了绿油油的青菜去喂大耳羊，这只大耳羊据说原是老板的宠物，每天跟着主人各处视察，无奈走哪儿拉哪儿屡教不改，只好将它流放到菜园边，成了孩子们的宠物。喂完羊，还能坐快艇环湖兜风，孩子们临走时恋恋不舍流下眼泪，一再要求明年再来。

TIPS

1. 弥勒的卤鸡米线非常好吃，一定不要错过。
2. 当地还盛产红葡萄酒，泡温泉的时候喝上一杯，感觉非常好。
3. 一定要带至少两套泳衣。

弥勒—罗平

路 况：双向四车道

罗平是中国四大油菜花海之一，以喀斯特地貌与万亩油菜花结合为特点，尤其是日出时分，朝霞染红天边，紧接着初生的阳光透过峰丛将金色的花毯点亮，景色十分壮丽。

牛街螺丝田又是另外一种喀斯特地貌，由于地下河流将水土带走，地面形成像螺蛳壳一样的天然地陷图案，鬼斧神工，叹为观止。

小朋友可以在这里坐布依族牛车，老牛身披红毯，头戴花球，拉着华盖流苏装饰的轱辘车，那是相当威风，给小妞买个花冠，再折根树枝做魔法棒，立刻化身花仙子在花海里奔跑舞蹈，不亦乐乎。

TIPS
1. 罗平是这条线上最热门的景点，住宿十分紧张，需提前预定。
2. 如果要看日出，一定要早起爬上大黑山占位。
3. 春节期间为九龙瀑布枯水期，不值得前往。

转身—叼走—飞翔
真是一眨眼的时间

🚗 罗平—昆明

路 况：双向四车道

到昆明自然要去滇池喂红嘴鸥，一进海埂公园就看见铺天盖地的红嘴鸥在头顶飞翔，我们买的面包一眨眼就喂完了！它们在空中飞翔的同时可以如闪电般接住你抛向空中的面包！每隔一段时间，鸟儿们好像是商量好似的，会突然停止吃食，振翅高飞，在天空中盘旋一大圈再飞回来。

这些从西伯利亚飞来过冬的海鸥根本无惧风浪，自由地翱翔，欢快地鸣叫着，带来春天的讯息。女儿亲手喂食这些遥远的客人，非常兴奋，还尝了尝喂海鸥的面包，说，挺好吃！

TIPS

1. 记得涂防晒霜，戴帽子墨镜，紫外线强烈。
2. 海埂公园比翠湖公园大，红嘴鸥多，也更开阔。
3. 公园里有卖专门喂海鸥的面包。
4. 罗平回昆明高速春节期间会堵车，务必提前回程避开车流高峰。

惊喜 孩子在旅途中学会相处

这是第一次带娃长途自驾，其实刚开始也有些忐忑，怕孩子水土不服，怕孩子生病，更怕两个孩子在旅途中出现矛盾……路上两个孩子也吵过闹过哭过，但是旅行快结束的时候，我们发现他们相处得越来越好——小妞累了，和睿主动用手推车推她；路上无聊的时候，小妞会编故事给和睿听，和睿听得津津有味，不停滴追问：后来呢？后来呢？我也惊叹于小妞的想象力，仿佛可以无限地一直这么编下去……永远忘不了在金马碧鸡坊，和睿吹着小口琴，小妞穿着民族风的小花裙翩翩起舞的样子……发自内心地觉得：有个小伙伴一起玩，大人省心，孩子开心。自打这次旅行以后，每次出去玩，我都尽量给小妞找个伴儿一起。

分享 出门前我给孩子带哪些玩具

1. 每个小朋友带 5 本绘本，在路上可以互换着看。每天在车上的时间，基本在听故事中度过。
2. 画笔和速写本，在机场候机或者酒店晚饭后，两个孩子都爱画上一会儿，大人也可以得到片刻的轻松。
3. 能够外放的小音箱，里面是小妞最爱听的歌和故事，大人读绘本读得口干舌燥的时候，就该小音箱出场了。而且小妞很爱跳舞，到了风景优美的地方，她总爱和着音乐节拍自编自演一段。
4. 望远镜、放大镜等探索自然的工具。
5. 小铲子小桶，在抚仙湖边挖沙、捡石头、玩水用的。

为辛苦工作一年的孩她爸和热爱旅行的女儿策划这样一次愉快的亲子旅行，虽然只有短短 7 天，一路上的美食美景，新鲜奇妙的风土人情都化为长久的记忆镌刻于脑海，成为最美好的回忆！

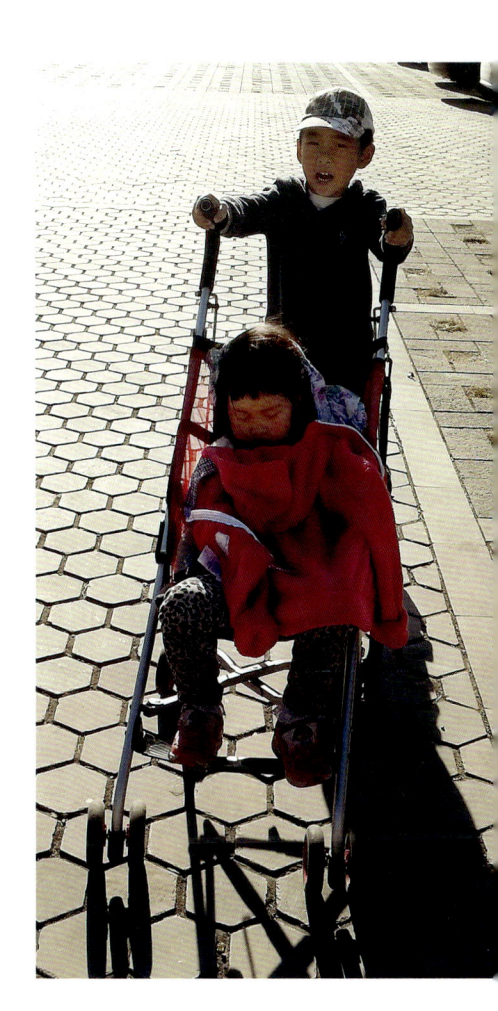

END

童画

♥ 笑语妈

- 目的地：香港 · 娃龄：25个月
- 关键词：首次娃游 离岛 博物馆
- 行程：4天3晚 赤柱 长洲 南丫岛
- 时节和气温：9月底 30℃左右
- 消费：人均5000元（不含购物）

HONGKONG

忘记迪士尼吧！
带小娃去香港有更生动的玩法

　　带娃去香港，其实是一个不错的选项，尤其是娃还小的时候，去香港一来不用担心食物问题，二来也没有任何语言障碍和文化差异，这个便捷的城市还是很适宜带孩子旅行的。当然，如果你是为了SOGO店庆之类的去香港，那还是放过你的娃吧。

🚗 离岛自然游

豆果妈

对购物没啥兴趣的人去过一次香港后，实在想不出除了迪士尼，香港还有什么值得带小娃娃去玩的。所以，看到笑语妈的这篇游记后立即睁大眼睛。读完后明白，会玩的妈妈，到哪里都能找到让娃开心的地方。

带娃去香港能干嘛？除了迪士尼，其实还有很多事情可以干啊！去去离岛，娃小就去长洲，大一点可以去南丫岛，爬爬山，看看海，吃吃豆腐花、平安包，现代化的先进农村既能让娃体验不同的生活方式，又不会太艰苦。居民生活区随处可见的儿童游乐设施，一定是娃最流连忘返的地方。而且，去离岛要坐船，与其花几倍的价钱坐邮轮，天星小轮足以让娃认识船这个交通工具。此外，船上看香港，对爸妈其实也是种全然不同的体验。

去离岛比想象中容易很多，地铁到中环站下，然后沿着指路牌到中环码头，硕大的数字及其代表的离岛会在沿途不断出现。南丫岛似乎是4号码头，有两条航线分别到岛东西两端。如果只是上岛感受风情，那么无所谓哪条路线，先到先走，船班次差不多在一小时到一个半小时，两地轮流发船，所以，一般30～45分钟肯定能有一班船。唯一要记得是下船时看好回程班次，算好时间不要白等或错过。到长洲，在5/6号码头，班次时间较短，大约45分钟一班。

离岛远离市中心、靠近居民区的地方会有很多儿童游乐设施。对于2～4岁的小小朋友来说，这些格调"低俗"的玩具，要比迪士尼复杂喧闹的设施更契合他们的心性。而行走在离岛现代化的"渔村"里，既能感受到香港老电影里的那种氛围，又能体验一把海边民居"渔家乐"，比逛铜锣湾有趣多了。笑语在铜锣湾的场景，就是高楼林立和行人接踵间，一个小小的男孩迷茫木然的看着周围的一切，那表情，太迷离了。

🚗 博物馆科学游

　　不想去离岛的话，可以带着孩子在本岛逛博物馆，相比内地，香港的博物馆更open也更friendly，而且种类繁多，太空馆、海事馆、警队馆、飞行体验店都非常适合给小朋友做最初步的职业启蒙和科学探索。其实爸爸妈妈也可以趁此机会开开眼界。飞行体验店在节假日可能需要提前预约，平时随到随开。它其实是一个飞行员的基础培训课程，花费不多就能学开飞机，对大一点的男孩来说太有吸引力了！而且以上场所大多在闹市区，与各类餐饮购物店结合得紧密无间。爸爸带娃参观，妈妈购物也不是不可以。

🚗 交通体验游

如果你家娃晕船，你也不喜欢都市喧嚣，那还可以尝试的一个地方是赤柱。那里的海边目前已经改为一条欧陆气息浓郁的小街，比邻著名的美利楼。孩子在那里可以无忧无虑地high上半天，而你只需要在岸边的咖啡馆喝喝下午茶。如果能遇到著名的叮叮雪糕车记得开恩给娃买一个，据说这车目前全香港只剩没几辆，不知道能不能撑到娃大了自己来的时候了。

另外，香港也很适合带着热爱交通工具的小男孩来一次交通全体验。双层的观光巴士大小娃通吃；远近闻名的有轨"叮叮车"在进站时的叮当叮当声就是这么打动现代人的心；到昂坪可以坐到透明车底的水晶缆车；还有太平山山顶的红色缆车，以及前面说的香港颇有历史感的交通工具——天星小轮。所有这些交通工具都会让小娃们兴致高昂。

诚然，带着娃逛香港，血拼之类的或许不太方便，海港城这种需要体力的地方也并不是那么适合，但是，路途近无时差，饮食文化无差异，完全可以当成带娃出行的一次练兵。

TIPS

整理了部分带娃游香港的交通工具和景点信息

1. 天星小轮

乘坐地点：尖沙咀天星码头、中环天星码头、湾仔天星码头

起止时间：

湾仔至尖沙咀　周一至周六：7:30~23:00，星期日及公众假期：7:40~23:00

尖沙咀至湾仔　周一至周六：7:20~22:50，星期日及公众假期：7:30~22:50

中环至尖沙咀　周一至周日及公众假期：6:30~23:30

尖沙咀至中环　周一至周日及公众假期：6:30~23:30

2. 水晶缆车

乘坐地点：昂坪360

起止时间：

　　周一至周五 10:00～18:00，

　　周六．周日及公众假期

　　9:00～18:30

票价：成人/老人 190元港币

　　　儿童 125元港币

3. 叮叮车（有轨电车）

乘坐地点（路线）：

　　筲箕湾—上环（西港城）、筲箕湾—跑马地、北角—石塘咀、铜锣湾—石塘咀、跑马地—坚尼地城、筲箕湾—坚尼地城

票价：成人 2.30元港币

　　　儿童（3至12岁） 1.20元港币

4. 太平山山顶缆车

乘坐地点（路线）：花园道总站—坚尼地道站—麦当劳道站—梅道站—白加道站—山顶总站

起止时间：每天 7:00～24:00

票价：成人 28元港币（单程） 40元港币（来回）

　　　儿童/老人 11元港币（单程） 18元港币（来回）

5. 太空馆

地址（位置及交通）：

　　九龙尖沙咀梳士巴利道10号

　　巴士可乘1、1A、2、6、6A、7、8A、8P和9，地铁至尖沙咀站，天星小轮至尖沙咀天星小轮码头

开放时间：周一、三、四及五 13:00～21:00

　　　　　周六、日及公众假期 10:00～21:00

　　　　　圣诞节前夕、农历大除夕开放至17:00

　　　　　逢周二（公众假期除外）、

　　　　　农历年初一及二休馆

6. 海事馆

地址（位置及交通）：

　　香港岛中环8号码头

　　新世界第一巴士可乘6、6X、14、63、65、66、73、260、314、973，专线小巴可乘16M、40、52

开放时间：

　　周一至周五 10:00～18:00

　　周六、日及公众假期：10:00～19:00

　　农历年初一及二休馆

7. 警队馆

地址（位置及交通）：

　　香港岛半山甘道27号

　　新世界第一巴士可乘第15号巴士（交易广场往山顶方向），至湾仔峡道站下车

开放时间：

　　周三至周日 9:00～17:00

　　周二 14:00～17:00

　　逢周一、周二上午及公众假期休馆

童画

橙子额娘

TAIWAN
为你而来

给3岁橙子定制的11天台湾之旅

- 目的地：台湾
- 娃　龄：橙子35个月
- 关键词：定制 民宿 青青草原 垦丁的海
- 行　程：11天10晚（台北、台中、清境、垦丁）
- 时节和气温：国庆黄金周，30℃左右
- 消　费：人均8000元人民币（不含购物）

　　台湾，没有北京浓厚的历史氛围，没有上海摩登的熙熙攘攘，但其小资的人文环境一直被津津乐道。做攻略的时候，其实有些犹豫，因为粗看之后感觉台湾适合老人去怀旧，适合年轻情侣或闺蜜去"劈情操"，抑或是六七岁的孩子去感受人文，似乎不适合3岁的娃呢。由于很明确定义这次台湾之旅是亲子游，于是没有follow大众行程，而是特别为3岁的橙子定制了一个专属行程。

Part 1　行程定制的 Yes & No

台湾游路线太丰富了，行程定制的过程很纠结，这里只呈现一些最后做决策的参考标准。

No 环岛游： 不适合 11 天 10 晚的行程，即使是包车也会很疲累，带着个活蹦乱跳的娃，真心折腾不起。

Yes 台北： 台北有个苏荷儿童美术馆，要看儿童剧，想去台北平溪县坐小火车，还想泡个日式温泉，于是大台北安排了 5 天 4 晚，但是因为橙子到台北的第 2 天就发烧了，于是小火车和温泉就成了此程的遗憾，却给下次行程留下了美好的期待。

No 宜兰： 宜兰有赫赫有名的传统艺术中心，可以了解台湾的民风民俗，还有传统文化手工艺体验，但对于 3 岁的孩子，这些可能还不合适，而且手工艺的体验上海也能找到。加之时间有限，宜兰也留待下次吧。

No 花莲： 花莲的天然美景很赞，但还是比较合适再大些的孩子。当然，这些仅是我一家之言，仅供参考。

Yes 清境： 清境的民宿和青青草原是亮点，尽管很多人都说青青草原没什么玩的，到此一游，一天一夜足矣，可这却是橙子此程最深刻的记忆。建议把青青草原安排在非周末，非当地假日，不然人山人海的地方，再好玩都会变成鸡肋。周末的羊咩咩秀不值得期待，但是马术表演（每天都有）可以安排。

No 高雄： 如果不想再从台北返程，那么台北进高雄出是个不错的 idea。不过对于高雄，好像真的每个人的感受不一样，有朋友说很破，有朋友说很赞，见仁见智了。

Yes 垦丁： 垦丁的海、垦丁的民宿、垦丁的草原，3 天 2 晚还不够哦。

Part 2 小小心灵中的大美台湾

台北的苏荷儿童美术馆： 地方不大，适合三岁左右的孩子，朋友六岁左右的孩子好像兴趣就不大。但是橙子非常喜欢，进出三次之多。我们参观的展览是颜色，十点半还有专门的导览，先用黏土玩了三原色，又介绍了根据小朋友画作制成的实物，有矿泉水瓶和吊针管做的水母，有勺子做的花朵，还有利用各种废品做的人物，很有想象力。在讲解的时候还设计了小小动手环节，小朋友也能参与体验，乐此不疲。还讲解了镜子的作用，冷暖分色，撞色和莫奈的睡莲实景。睡莲的房间设计了灯光变色，随着室内灯光的变化，睡莲颜色也会随之相应变化，有很强的感观比较。不同主题的展览都很有趣，足见设计和用心，还会有孩子童真的画作和创意作品，值得一来。

TIPS

台北的苏荷儿童美术馆

门票150台币一人，2岁内儿童免票。周一闭馆，周二至周日10:00开馆，17:30闭馆，赶个大早去比较好，非工作日人也少。

台北市政府亲子剧场： 都说要来台湾看场演唱会，提前查了这段期间正好没有，不过倒是有台湾杯子剧团的黑光大戏《波塔的愿望》。于是先在网上查询好信息，再托朋友帮忙买票，快递送到。最贵的票价1100台币，性价比非常之高。全剧1小时40分钟，中间15分钟休息。演出水平比之前在内地看过儿童剧都要好，无论是人物设计，还是台词、情节，以为橙子看不懂，没想到她看到某个情节居然

我在很多亲子游记中都看到过这个项目，正如橙子额娘所说，每个娃的感受都不一样。有些毫无感觉，有些收获满满，还有的像橙子一样，在各自的敏感期碰上了特别合适的展览，于是乐此不疲。自己的孩子自己最了解，根据他们的年龄和特性来设计专属的亲子游，也许意义就在于此。

豆果妈

哭了。每个章节结束,橙子都说,还有吗?我还要看。不时跟着拍手、唱歌、摇头晃脑。剧情有一些通俗易懂具有教育意义的台词,她也能听懂。剧场氛围很好,演出的时候非常安静,没有说话的、哭闹的。因为是黑光剧,本以为橙子会怕黑,结果因为太投入,反而目不转睛。演出结束,剧团安排主演人物和小朋友拍照,也都秩序井然。旅游中安排一场儿童剧,给孩子不一样的体验,也很不错哒。

台北文创:本来要去平溪县坐小火车,可是橙子发烧,就不去折腾了,改道台北文创。小资创意的地方给我们带来了无限的惊喜,就像是把创意集市整合到了一幢楼里面。整体错落有致,本来打算逛2个小时的地方,最后呆了五个多小时,橙子还自由创作了一幅小油画,舍不得走。

台中高美湿地看日落： 适合春夏的行程，我们是国庆节去的，傍晚风有点大。如果天气暖和，算好退潮的时间，真的可以在海滩上玩很久。日落景色非常美，而日落和涨退潮的时间会根据当地的季节变化而变化，所以去之前需要咨询当地人。来回路程加上玩，总共需要三个小时左右。橙子和爸爸在海滩甲板上漫步、捉螃蟹，时间像静止一般，幸福在那一刻凝结。

台中东海大学： 东海大学以教堂为名，可是对于橙子来说，这教堂还不及地上的一条虫子好玩。我们在校园内坐公交车，去看了奶牛，还去了有名的奶制品小站，牛奶和冰激凌都好好吃。走走逛逛歇歇，挺休闲的。

清境青青草原： 清境最为亲子的青青草原，果然让橙子玩得不亦乐乎啊，一点也不害怕羊咩咩，给羊开水龙头喂水，追着羊跑，还买了羊饲料喂羊，乐趣无穷。最搞笑的羊精们，居然守着饲料口，用头撞饲料机，用前脚拍打，把残余的饲料给撞出来。橙子拿了一盒饲料，本来要一颗一颗喂，结果羊们太猛了，冲上来就把整盒咬走了，吓得橙子赶紧放手，爸爸不甘心，追着羊满场跑，把那整盒从羊嘴巴里抢了回来。和青青草原连着的还有一个牧场，有马术表演，因为第一次看马术表演，虽然就一小块圈地，不过橙子也看得津津有味，全身心投入，眼睛都不带眨下的。

清境的纸箱王： 特色在于，不论桌子椅子，还是饮料盒子都是硬纸箱做的，创意无限。吃的也不错，可以安排在纸箱王餐厅。

豆果妈

橙子额娘告诉我，很多攻略上说青青草原不好玩，但他们一家特别喜欢。因为平日人少羊多，四散在草场上，孩子玩得大开心。但周末冲着羊咩咩表演去却大失所望，不仅羊全被圈起来了，表演也全是脱口秀，不适合小宝宝，而且人山人海，完全没有放松享乐的感觉。还是那句话，旅行讲究个人的经历，主观的感受，多考虑自家孩子的喜恶总是没错的。

清境的小瑞士花园： 很多攻略都说这里"坑爹"，不过我们的门票是在纸箱王餐厅消费送的，顺便一去。晚上去小瑞士花园还是有惊喜的，适合小朋友，风车啊、钢琴啊，是个不错的拍照取景的地方。

垦丁的海： 垦丁的海和三亚的有些许不一样，和普吉岛的也不同。蒲顶草原是此行觉得最赞的地方。太平洋海风拂过的草浪美翻了，碧海蓝天可能很多地方有，但草原、大海和蓝天，此景大概只有垦丁有，草原上的四轮驱车也刺激惊险。

垦丁的白沙湾就是李安拍"少年派"的地方，沙子不粗，还有海浪，游泳的感觉超爽，是会游上瘾的，一波一波的浪花让赶浪的小孩乐不思蜀。望着海，发个呆，一下午就过去了。

我们还安排了半天去开卡丁车，其实上海也有卡丁车，但是垦丁的卡丁车分低速和高速，可能车的配置不一样，爸爸们体验之后觉得还是很刺激的，但是开得很累。

Part 3　交通和民宿

航班：提前 3 个月定航班还是太紧张，建议至少提前 5 个月，会有更多的选择。考虑安全因素，最后 2 大 1 小花费 1 万 1 千元人民币定了高价但心仪的国航午睡航班：14:40～16:35 上海—台北；14:25～16:25 台北—上海。飞行时间 1 小时 25 分钟（不包括滑行时间），准点起飞到达，非常满意。

> **TIPS 航班**
> 如果是非黄金节假日，机票估计大概两三千元，所以对于年假多的爸爸妈妈，可以避开黄金周出行。

陆上交通：台北市内，愣是没有坐发达的捷运（地铁），也没有包车，因为出租车基本上都是随叫随到，而且服务也还不错。

从台北到台中，提前在网上买了高铁票，台北车站始发，基本 1 个小时即可到达台中车站，再乘坐出租车前往酒店。

就是因为考虑到台北到清境会舟车劳顿，才会在台中住宿一晚，岂料台中也给了我们些许意外的惊喜。

台中到清境，提前订好了包车，直接送到清境的酒店。

从清境到垦丁，本来准备清境坐车到台中，再搭乘高铁到高雄，再包车去垦丁，但是 4 个大人 2 个娃再加上 4 个大行李箱，光想就已经觉得 mission impossible，商量后果断包车直接从清境驱车 4.5 小时前往垦丁。结果证明，决策万分英明，娃还能在宽敞的 9 人座车内午睡，即使多花了钱，也觉得物有所值。在垦丁，一早就联系了包车司机，全程带我们游玩，再把我们从垦丁送到高雄地铁站。

高雄到台北，坐高铁，提前网上买票。不想折腾的亲们，可以考虑台北进高雄出，直接从高雄飞回上海。

> **TIPS 陆上交通**
> www.thsrc.com.tw

住宿：对于每次出游的酒店我都是颇费心思，因为带着小小孩，酒店的舒适和齐全的配备非常重要，而且也是关乎出游心情的关键因素，所以这次酒店都是均价 1000 元人民币一晚的，整体来看，都不错。

🏨 **大仓久和（台北）：** 日本服务的酒店，booking、agoda 还有携程的评价都非常高，在选台北酒店的时候纠结了很久，地段要好，房间要舒适。去 airbnb 搜索了一圈民宿，没有找到满意的；酒店选择多，性价比高的丹迪都订完了，其他的评价都参差不齐，最后还是选择了评价最高，价格可接受的大仓。结果发现房间大、服务好、凤梨酥也超级好吃，地理位置不错，位于南京东路上，毗邻新光三越南京店，还有中山捷运站。

🏨 **53 行馆（台中）：** 真是由简入奢易，由奢入简难啊。从大仓酒店到 53 行馆，类似锦江之星的房间，心里真是接受不了啊，房间小，淋浴也不舒服，就是地理位置还便捷，在宫原眼科的对面，想吃冰激凌倒是随时的事情。再次提醒，住宿条件对于旅行的重要性，特别是对于小娃。橙子当时说："我想去昨天的那个酒店……"还好我们只是住了一晚。

🏨 **香格里拉音乐城堡（清境）：** 第一晚我们住香格里拉音乐城堡，复式结构的套房，楼上是单人双床，楼下是大床，对于 4 人行或者是带一方父母出行的话，人均成本还是比较合算的。经观察，景色最好的应该是 206 房间（可惜我们是 202 房间），其阳台可以 270 度的看风景，早晨坐在阳台上，自己研磨一杯咖啡，那真是极惬意的体验。取其名字的特色，民宿以音乐为名，可以借阅各种音乐风格的 CD，房间也配备超赞的音响。总体而言，音乐城堡非常适合情侣和小夫妻。缺点可能就是卫生间小，不管浴缸还是淋浴都不太舒服。

香格里拉音乐城堡和清境最贵的老英格兰城堡是一家主人，但价格却是其一半，音乐城堡有车接送去老英格兰，我们选择在那儿喝了一顿下午茶，感受一下英式风格的建筑，不过下午茶都是室内的，味道也不是特别惊艳，但性价比还不错，98元人民币一位，两人份的量是一个三层点心盘。

🟡 明琴清境（清境）：第二晚换到了明琴清境，房间比音乐城堡大，卫生间条件也要好，明亮的小清新田园风格，我们住C栋，还带有一个小花园，我的定焦实在是拍不出它的美，有兴趣的可以上官网查。如果住2晚，可以音乐城堡和明琴两边都住，体验一下不同的风格，如果只住1晚，还是推荐明琴清境。清境的酒店都有接车服务，所以不用担心换酒店的麻烦问题。只要整理好行李，告诉即将入住的酒店，可以派车去接行李。

🔵 白水木水漾会馆（垦丁）：垦丁的民宿非常多，结合各大攻略还有google的实景，排除了好几家攻略推荐的民宿，最后选定了这家，位于船帆石的白水木水漾会馆，真的是超级超级超级嗲，不枉费搜索比价到吐又半夜抢订的力气。照片实在体现不出它的嗲，官网的图倒是可以当作实物图来参考。

8个房间，8种风格，我们2晚住了不同的房间，梦紫、吟白、耀金、思靛都很不错，房间大，淋浴地方大，环境好，出门小巷出去就是船帆石的沙滩，距离垦丁夜市打个车大概就10分钟。虽说毗邻垦丁大街的民宿比较热闹方便，但是更喜欢船帆石这一带的民宿，清静又有特色。

🏨 怡亨酒店（台北）：最后一晚住在怡亨酒店，因为大仓已经涨价到1500元了，而且看起来地理位置也不错，主要内部硬件很不错，是旅游书上推荐的。

END

童画

♥ 俞波波

TAIWAN
带着多拉走世界

台湾花莲

· 目的地：台湾花莲　　· 娃　龄：不满2岁

· 关键词：慢生活

· 美　食：戴记扁食 鹅肉先生 炸弹葱油饼 第一家烤肉串……

　　花莲虽然是一座许多外来游客都会去的城市，但它并不喧嚣，也称不上繁华，反而感觉天高水远，质朴宁静。带多拉去花莲的时候，她还不满2岁，但似乎所有的孩子都喜欢大海，在这个蓝天白云海风悠悠的城市，我们安静地享受着这里的慢生活，听民宿老板讲他们早年来了花莲后无法再离开，于是留下来生活的故事……

Part 1　玩

花莲市区没有什么景点，街道也是朴素的本来面貌，适合带孩子去的地方大都在近郊。

七星潭： 去那里一定要租辆自行车，前面有带孩子的座位，沿着海岸线边上的骑车道，骑骑停停，沿路有很多可以走到海边的入口。有人们聚集玩耍的地方，也有卖艺的土著爷爷高昂的歌声伴着海风阵阵。不过这里的海滩不是沙滩，是卵石滩，多拉倒是乐得到处捡形状各异的石头。对孩子来说，永远不缺玩具，对我们来说，自然而然地陪着他们，跟着他们的脚步回到童年一起玩耍就好。不过对于走路还不够稳的孩子，这里需要父母更多的帮助，如果摔跤会比在沙滩上严重哦！

云山水，这名字取得太恰当，随便拍一张都是云、山、水三层美景。云山水也是家民宿，可以预定，旺季需要提前很久定哦

满山遍野的金针花，如果不说，你未必知道这就是平时吃的黄花菜

花东纵谷： 这一线包括多个景点，建议包车一日游。民宿的老板娘听说我们要去看金针花，就说他们夫妻也多年没去了，于是我们相约一起包了辆车愉快地玩耍了一天。纵谷地形是夹于中央山脉和海岸山脉之间的地形景观，花东纵谷因横跨花莲、台东两县而得名。一路上，我们去了云山水、光复糖厂、六十石山、瑞穗牧场、北回归线等景点。如果你们和我们一样，是8月到9月去的花莲，就一定不能错过这个季节六十石山上金针花漫山遍野的美景。瑞穗牧场，可以喂奶牛和鸵鸟吃草，当然吃不吃全看他们的心情。这里还有以自家牧场产的奶为原料制作的各种食品，比如奶香馒头、酸奶、奶酪蛋糕等，味道都不错，孩子在这里有的吃、有的玩，显然不亦乐乎。

瑞穗农场，这里因为比较商业化，因此设施也比较完善，喂牛和鸵鸟的草需要买，孩子只能简单体验一下

其他可选择的景点： 如果孩子大一些，可以自己一路走的话，附近的太鲁阁和清水断崖也是不错的选择，自然风景美丽，可以跟孩子一起徒步。远雄海洋公园也是孩子们会喜欢的去处。但我觉得如果时间不是那么充裕，只需要选部分景点即可，亲子旅行不在于景点看得全，而是在合适的景点中，让孩子找到乐趣，更深刻感受不同地点所带来的不同体验，和他们一起融入其中。

Part 2　住宿

　　花莲有两千多家民宿遍布在市区、花东纵谷和海岸公路。我们此次住的是羊儿烟囱民宿（网址：www.sheep-chimney.com/about.php），这里有一片很大的草地，还养了几头羊，孩子们有可以户外玩耍的场地。所有的房间都是和羊儿有关的主题，店主和工作人员都特别热情友善。店主夫妇不仅和我们一起包车游览了花东纵谷，当晚见我们累了就主动邀请我们和他们一起晚餐，又怕我们一家三口不自在，专门分出了饭菜让我们在用餐区单独享用，真是体贴周到。唯一的美中不足是民宿距离市中心稍远，大概10分钟车程。此外，梦田信箱、回音谷、花见幸福庄园、金泽居、花漾莲芯、若水人文空间、海传民宿也是不错的选择。如果想住在七星潭可以考虑七星潭渡假饭店。我们想在海边住一晚，于是在花莲的最后一晚入住了海湾32，这是一系列海岸线民宿中最靠近市区的一家，非常推荐。沿海的民宿还有蓝海风情、海月民宿、海明蔚、俪舍、草海桐、如果海、海元素178和浪花一朵朵等。在海岸公路靠近台东方向有一些很有特点的民宿，如大尾山姆和舞木民宿。

羊儿烟囱民宿，每间房间的装修和风格都不一样

第二天早上的日出，在阳台上就能看到

最后一天，我们去享受了下花莲的海边民宿。搬去了海湾32，这里周围没有街道商店行人，来这里的人只想对着海发呆

花莲的自强夜市

Part 3 美食

　　花莲的美食基本集中在中山、中正和中华路形成的金三角附近，包括公正包子、周家蒸饺、五霸焦糖包心粉圆、一心泡泡冰、庙口红茶、来成排骨面、曾记麻薯（花生馅最好吃）、戴记扁食、鹅肉先生等。还有人气最旺的老牌炸弹葱油饼——饥饿营销的典范——每天下午1点开门，5点多就关门了。自强夜市是花莲最大的夜市，人气较旺的摊位包括第一家烤肉串、妙不可言果汁店、香榭城现打果汁、北港春卷、林记烧番麦等。近郊出名的美食有满妹猪脚和瑞穗牧场的奶制品。带孩子来台湾，基本不需要担心吃饭的问题，因为总能找到孩子能吃的食物。但夜市油炸、烧烤、腌渍的食物偏多，大多不适合孩子。

从生意兴隆程度来看，鹅肉先生应该是当地名店，但环境很简陋，不太适合年龄小的孩子吃。

这家最夸张，炸弹葱油饼——一家地理位置并不方便的不起眼小店，门口人山人海，我们等了一个多小时后还是放弃了，连以吃不到不罢休出名的吃货爹都受不了走人了。啧啧啧……

夜市里有一个电动游乐园的区域，不大。但夜市里的游乐园，感觉像回到了自己的童年，市井温暖而温馨。

第一次玩吊娃娃居然就吊起来一个，现在这只熊猫公仔还在我们家沙发上，这种旅途中的物品，因为记载了路上的欢乐，建议大家尽量带回家，经常拿出来回忆相关的记忆，有助于孩子记住这段旅程。

焦糖包心粉圆店的美食

交通

从台北车站可以乘坐台铁到花莲，自强号两个多小时，莒光号比较慢，强烈建议不管从哪个方向进出花莲都提前在台铁网站上订票。我们从花莲回台北，提前两天都没能买到火车票（非黄金周假期），最后只能坐飞机，花莲到台北空中飞行时间25分钟（花莲直飞岛内台北、台中和高雄）。

> **TIPS 航班**
>
> 在花莲市区和近郊景点的交通推荐出租车，我们一直用全家出租车的电话叫车：0800255255，都是打表价格打6折（打电话时先告知对方你的位置，可以确认6折价格）。

酷爱自由行的我们，在小女多拉出生后，就带着她一起走世界。我们把看过的风景、尝过的美食、总结的攻略，最重要的是，在路上和孩子们一起的成长与感悟，都在这里分享给你，伴你们一起走世界。

大背包和小背包

♥ 豆果妈

日本10天"交通科学+动物亲密"之旅

JAPAN

大阪·奈良·箱根·东京

· 目的地：大阪 奈良 箱根 东京
· 娃 龄：33个月 　· 行 程：国庆长假10日游
· 关键词：交通科学 动物亲密

　　日本之行豆豆一共经历了：南海特急电铁、地铁、JR高架火车、箱根登山火车、游览帆船、海盗船、空中缆车、龙猫巴士、悬挂轨道火车、未来型水上巴士、摩天轮和各式各样的电梯等交通工具，加上来回飞机，真是把天上飞的、地上跑的、水上行的都乘了个遍。出发前，我们有针对性地看了些交通工具相关的绘本，有了印象有了好奇，行进便不再只是走马观花。

　　而日本的大小动物园，也都特别注重人和动物的互动。大阪的海游馆、奈良的鹿、每个城市都有的小小亲密动物园，每个地方都可以亲手喂食和抚摸动物，更是让小小孩第一次和动物有了这么直接这么亲密的接触，乐不可支。

10 天的行程，按时间顺序分成"大阪奈良篇""箱根篇""东京篇"。便于各位爸妈们区分和参考哦。

大阪奈良篇

我们在大阪一共住了三晚，除去到达和离开两天，其实真正玩的只有两个整天。这两天，一天给了天保山，一天给了奈良和难波公园。天保山，是我们跟着孩子玩；奈良和难波公园，孩子跟着我们玩。

先来说天宝山一日游。

🚗 交通科学之坐地铁

第二天一早，正式开始日本国内的交通科学之旅，上来就晕了。虽然事先查好了要坐哪几条线，但是到了地铁里头，一开始还是有点迷茫，太大了！好不容易找到千日前线入闸口，又在五颜六色的地铁示意图和让人眼花缭乱的自动售票机前慌了手脚，研究了 15 分钟才买到票。

不过日本的轨道文化真是很发达。所有的地铁(火车)站各层间都有箱式电梯，大大方便了我们这些带着推车的家长；站内到哪里都有便利店小吃店，商业渗透进每个细小空间；厕所随处可见；换乘指示和地图说明非常清晰，十几条线交织在一起也不会混乱——只要你有足够的时间，出站找景点也很方便。豆豆这次在日本坐的轨道交通，比他出生到现在、估计再加上未来若干年会坐的还要多。

🚗 动物亲密之海游馆

大阪海游馆设计很棒，沿着指示，盘旋着从 8 楼往下走，可以从各个方位把垂直纵深的巨型鱼缸看个透。最令人感叹的，一个是"大"，一个是"亲密"。

豆果妈

33 个月的豆豆和大部分 3 岁男孩一样，爱车船飞行器，爱猫狗大鲸鱼。于是国庆长假的亲子旅行，很自然的就有了主题——交通工具大体验+动物世界全接触。交通设施发达，出行极其方便的日本成了首选。

豆豆终于亲眼看到了大鲸鲨，还有比他的小身体大很多的大海豹、海狮、巨大的海龟、大妖怪一样的深海蟹让豆豆看了哈哈大笑。

大人都被这些水生动物的 size 所震慑，别提小小的孩子了。

这也是我们第一次得以从水面以下近距离看到这些动物的动作和生活，叹为观止。

出口处有和 Ray、企鹅、海狮互动的地方，豆豆大概是有些累了，没有去触摸这些动物。但是大一点的孩子都很喜欢这个环节。

🚗 交通科学之摩天轮

把摩天轮也当作交通工具，是因为它可以送我们到高空去看世界。

虽然全世界的摩天轮都差不多，但 2 岁开始豆豆就对它有了奇特的向往。这次终于如愿以偿。进了轿箱，豆豆还有些紧张，但也有些兴奋。看着大阪港的船来船往，孩子很快就放松下来。转到中间的时候摩天轮突然停下了，原来是有行动不便的人要上下，摩天轮会停下等候他们。

照片里摩天轮前面红蓝相间的建筑就是海游馆，这一天的所有项目都在一起，没有路途奔波，紧凑而舒服。15 分钟一圈的摩天轮很快就结束了。本来想直接去动物园，可看到了港口码头，豆豆又强烈表达了要坐船的意愿。

🚗 交通科学之仿古游览帆船

豆豆爱看的绘本《Big book of Big Ships》里，第一页上的仿古帆船和今天要坐的帆船很像，所以他对坐船心心念念。

45 分钟的船程，在大阪港逛了一圈，穿过大桥，遥看一下刚才坐过的摩天轮，我用杯咖啡解了困，父子俩则满船逛悠，很快就回到了码头。秋高气爽的日子看海港蓝天，惬意舒服。

🚗 动物亲密之小小动物园

坐好船，折回摩天轮所在的那个大楼的 3 楼。有个外观不太起眼的室内小动物园。进去了，才庆幸自己没有错过。

这里有三个区域，兔子、豚鼠和陆龟区；猫狗区；还有羊驼和貘的地盘。豆豆开始没太大兴趣，但当他发现自己有喂食小动物们当救世主的权力时，一下子来劲了。非要"妈妈买胡萝卜！"，然后自己拿竹签插了萝卜分配给几个小豚鼠吃。一蛋吃完，又要求再买了一蛋。萝卜是装在扭蛋里的，200 円一个。

趁他把零钱都喂光前，拖他去了猫狗区。猫狗不用喂，只供赏玩。豆豆平时对人爱理不理，可到了这儿，跟这只猫说说话，跟那只狗聊聊天，让我顿时有了把家里以前养的猫狗接回来的想法。第三区里面的大羊驼和水豚（百度了半天才知道名字）是豆豆第一次见到的动物，免不了趁机科普一番。羊驼非常干净，比后来在箱根和上野动物园看到的都要干净，豆豆可以摸，也可以喂食。

娃从没被这么多温顺的小动物围绕过，把他兴奋得呀。特别是憨厚干净的乌龟，豆豆太爱摸他们漂亮而富有质感的背了。

　　动物园里玩了足足一个多小时，小家伙才恋恋不舍的出来。回到酒店，已经快到晚饭时间了。我们决定吃顿好的。来了关西，要吃烧肉。点评上评分最高的，是法善寺横町的M家。步行10分钟，好有格调的小门面，内里也小得像老上海的"亭子间"——我们的小包间估摸也就2平方米，更完全不知道别的客人都坐在哪里。但味道也真心赞啊，连那碗为豆豆点的牛骨汤面都被我们消灭得滴汤不剩。

　　吃完回去研究了一下，才知道今天吃的是和牛中等级最高的5A级松阪牛肉。总共三百六十克左右的肉，七百多元人民币，比起国内动辄上千的所谓和牛，性价比颇高。

　　再来讲讲豆豆跟着我们大人玩的奈良和难波公园。

🚗 动物亲密之奈良的鹿

　　在日本第三天，我们去了奈良。这里并没有专门为孩子准备的设施和项目，但作为城市主角在青山绿草间漫步的梅花鹿本身就已经够吸引孩子了。

　　奈良的公园没有门，你下了地铁（近铁奈良站——坐"急行"近铁从大阪过来只要四十分钟左右），走着走着，开始看到延绵不断的草坪和越来越多的参天大树，这就是公园了，整片有草有树有山有水的区域，都是公园。里面有博物馆、有寺庙、有神社和各种古迹，笃悠悠逛一天看不完，但应该会很享受。

博物馆前的鹿

融于自然山水中的博物馆

越来越多的鹿在草地和大树边出现。我买了一包鹿饼干，还没撕开包装喂，就被群鹿围攻，一抢而光。我当然也是又叫又跳，比鹿还激动，弄了一身口水狼狈不堪。豆豆坐在他的小推车里，乐呵呵地看我和鹿"表演"，偶尔下来去和小鹿搭讪两句。我一直认为小朋友也是种小动物，他们和动物总好像有相通的语言。

看人喂鹿的方式，就知道哪些是本地人，哪些是游客。游客基本上都被抢食的鹿掏胸顶屁股，大呼小叫哈哈大笑。例如左上角的这位。

然后见一当地老奶奶，一包饼干在手，鹿群上来，她轻轻一声："扣你机挖"，小鞠一躬，发一块饼干；再来一头，又一声："扣你机挖"，鞠躬，发饼干。那鹿也着魔一样，彬彬有礼，再也不争抢。

这天我们只去探访了春日大社，因为通往春日大社的路是在一片巨大的树林里，我想让孩子看看真正的树林是什么样的。树都是长了好几百年的吧，苍劲挺拔。在初秋被绿荫完全拥抱的感觉美极了，特别是道上还有三五成群的梅花鹿闲庭信步。孩子虽小，却也容易被这种古朴娴静的美感染。豆豆说，这是森林，我到森林里了。

绿色丛林中火焰橙的春日大社

难波公园里的"峡谷"购物街

难波公园

奈良回来时间还早，我们休息一下，便去逛酒店楼下的难波公园。比起心斋桥、高岛屋、伊势丹，难波公园是个更适合带孩子去逛的购物场所。它的建筑规划在商业地产领域非常著名，得奖无数。

介于高速公路和各种轨道交通汇集的市中心，却硬生生把一个城市综合体建造成了一个层层递进、绿茵丛生的斜坡公园，里面各种台阶、斜坡、石子路、小溪流、池塘交错，孩子先是逛内部的商场——有很多漂亮的玩具店，然后就在多层斜坡公园里钻来钻去上上下下，时不时看看这边高速上的汽车、那边轨道上呼啸的火车，也颇有乐趣。

晚饭就在这里解决，美食很多，因为想吃点汤汤水水，我们选了放题的shabushabu 火锅，和牛好香，吃完顿觉气力大增。可惜带着孩子，无法当夜猫子了。

交通科学之飞机

由于行程订得太晚，又是国庆，机票比平时贵两三倍，舍不得，最后坐了春秋的廉价航空到关西机场。（血的教训！平时3千元不到的机票，国庆要9千，我们选择了去程廉价航空，最后3人的航空费都要将近2万。所以做攻略要趁早！看《娃游记》要趁早！）不过两小时的飞行，廉价也毫无压力，以后真可以多多考虑。

一大早的飞机不晚点，倒是我们差点没赶上飞机。路上虽然没有简餐，但孩子看看蓝天白云、玩玩贴纸书、再点两下 ipad，两小时一下子就过去了。

交通科学之南海电铁

在机场坐蓝色靓丽的南海电铁（特急），非常漂亮的车子，椭圆形的车窗和宝蓝色的车身让它很有未来感，喜欢火车的男孩子真的可以坐一次。

酒店和餐饮

37分钟，电铁还没坐够，就到了我们入住的瑞士南海酒店。酒店很赞！位置超好，就在南海电铁和各条轨道线路换乘的"难波站"楼上，连站都不用出，一楼和三楼分别有专往酒店的电梯间。酒店大堂华丽，房间也很宽敞，完全不是想象中日本酒店房间的憋屈样。楼下就是高岛屋、著名和Nambo Park购物圈，马路对面的OIOI商场里有优衣库和无印良品。我们出来轻装上阵，袜子T恤啥的都在里面买。

旅行的第一个下午，豆豆再累也是不午睡的。到了酒店的房间里看到城市被高楼大厦勾勒出丰富形状色彩的天际线，更是兴奋无比。我们努力让他休息，无果，就干脆出去逛吧。

一问，原来传说中的心斋桥和道顿崛就在酒店步行10分钟处，又一次默默感激给我们推荐酒店的Vivian Tang。两边的街景还没看过瘾，就到了著名的"蟹道乐"招牌下，先来了一盒烤蟹腿垫垫饥。

最后还是回到蟹道乐，品尝了一顿美味蟹餐。豆豆很爱吃白水煮蟹，沾点他们家特制的苹果醋，特别美好的味感。一共吃掉六百多元，但比起美味和量大来，这个价格实在是不贵啊。

如果不是带着孩子，我们一定不会去天保山。豆果爹和我的旅行模式就是哪里人少往哪里钻，大众的旅游景点从来不是我们的菜。水族馆、摩天轮、游轮帆船、萌宠动物园，这些纯粹因孩子而来，却也感受到不一样的乐趣。

奈良虽没有"儿童乐园"，但豆豆跟着我们的这一天也同样玩得很舒心。

亲子游，因为有了彼此，世界才变得更大。

奉闺蜜们之命去心斋桥找药妆店，发现全是中国人扫货，俺不是对手，退下。然后，在道顿崛的饭店丛林中迷失

火车上搭乐高

箱根篇

🚗 交通科学之新干线

我们小的时候，"新干线"象征着先进、未来、速度和科技，在孩子眼中像宇宙飞船一样酷。这次在新干线车站上等车时有别的列车呼啸而过，那种气势和声音，真的有点刺激。车厢里特别安静和干净宽敞，所以从新大阪站到小田原站的 3 个多小时车程，前半段豆豆很开心。

但毕竟 3 个多小时是孩子有生以来坐过时间最长的车了，最后 1 小时有点难熬。乐高、贴纸书、ipad 都不管用，最后在"哼哼哈哈"中下了车。鉴于这已经是大阪到箱根最快最省力的路线，建议爸妈们多准备点"乐子"供孩子消遣。

🚗 交通科学之登山小火车

从小田原站进入箱根要坐登山小火车。红色的列车行驶在丛林密布的山间格外显眼。我们的酒店位于早云山高处的强罗,火车要开近1个小时,其实还挺累的。但火车一上山,空气的味道就变得格外怡人,窗外时有时无的丛林景象和随着海拔上升越来越宽阔宏伟的视野让人忘记了疲惫。

🚗 值得大赞的酒店——强罗花扇

强罗车站下来已是12点多,站外随便找了个小店吃饭,味噌猪排居然也很美味。吃好打了个电话到酒店,10分钟后,一辆贴着"强罗花扇"字样的奔驰商务车就把我们接到了住处。

丝毫不华丽,没有闪亮的东西和鲜艳的色彩,但视线所及之处都让眼睛极度舒适。

在朋友圈发了些照片,瞬间获赞无数。好多人询问,便回了这段:位于早云山深处,4500元人民币一晚,含双人餐(早餐+晚餐),丰盛美味泣鬼神;房间带山间露台和私家真温泉;房内酒水吧全免费,酒店 lounge bar 全免费;火车站免费接送;最绝的是居然还有一专用斜行电梯,从酒店直通山顶缆车站。整个酒店内饰全部原木,公共空间从大堂到走廊、餐厅、电梯客房均被草席榻榻米覆盖,33个月的娃到这里学会了感叹句:哇!真好呀!呆在露台上听泉水声、虫鸣声、鸟叫声,看着小鸟来吃掉露台上的毛毛虫,娃有娃乐法。 房间内设施和服务只举一个例子,干湿分离的卫生间,走到厕所门口,灯会缓缓地自动亮起;到马桶前,马桶盖无声打开;办完事卫洗丽搞定一切,就差个机器手帮您解裤子了。大家再脑补一下日本人搞"极致"的其他细节吧。作为酒店控,豆果妈佩服地五体投地,综合体验无与伦比。在这里点名感谢美妈 baobaotea,她的推荐让我们的箱根之行从期待到回忆都铺满了美好的底色。

豆果妈

很期待写箱根这段,只玩了两天,却是整个旅行中最纯粹的美好时光。没有初到大阪时的陌生慌乱,也没有后来东京的繁杂压抑,只有清透的空气、绝美的景色、太契合主题的游玩内容和超赞的酒店。

🚗 雕刻之森美术馆

到酒店 check in 完毕已经下午 3 点。著名的雕刻之森美术馆离酒店也不远，10 分钟车程吧。酒店愿意送，就赶紧出发。不赘述。去了，就会庆幸。其中的儿童乐园，令人屏息的赞叹。豆豆在色彩间奔跑，在空间层次错落中穿行翻越。

特别推荐一下美术馆里毕加索馆的纪念品店，豆豆在儿童积木区玩，店堂在夕阳下很美，商品每件都充满巧思令人惊喜，我这种从不逛纪念品店的人也买到手软。

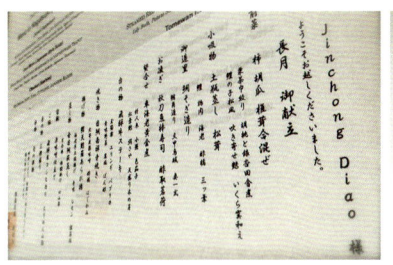

🚗 省心的美味

　　回到酒店（美术馆来回都是酒店派车专程接送，服务到位！），预定6点的晚餐我们晚了5分钟，前菜已经摆上桌了。边吃边拍发到朋友圈，沪上顶级日料店老板娘忙问这是哪里，说菜单写得太漂亮。得高人肯定，我们吃得更带劲了。

　　只是菜上了60%，已经一个多小时过去。纵然有宽敞的和式包房，小屁孩也待不住了。提醒各位享用日式包餐的爸妈吃饭时带好以下神器：贴纸书、ipad、画画纸笔、某种乐高玩具或其他可以让娃安生下来的东西。需要铺开也没关系，反正包房足够大。不然就像豆豆在餐厅的最后半小时——拿湿纸巾擦地板、桌子椅子和一切可擦的东西，拉门玩以及吵吵着"我要回房间！"

🚗 交通科学之 ropeway

　　第二天一早，在包房里享用好精美丰盛的早餐后，从酒店坐一个专用的斜着开的电梯，就直接到了早云山索道车站。这对豆豆是个新鲜玩意，爸爸不免在旁科普一番，讲讲缆绳、秀秀齿轮。

　　在第一个景点大涌谷下来。再次证明，这种名胜，基本都是鸡肋，看过夏威夷大岛火山公园后的人对此绝对无感，个人觉得对6岁以下的孩子没意义，算是计划中的败笔吧。

🚗 交通科学之海盗船

继续坐索道车，很快就到了桃源台码头，要坐海盗船游览芦之湖啦！不同于那些粗制滥造的游览船，芦之湖的海盗船好华丽。

爬上爬下，吹吹风、看看湖光山色和湖面上的其他船只，还有绘本里学来的高高的"桅杆"、驾驶室里掌舵的"大副"，豆豆的海盗船之旅舒适又愉快。

绝美杉树林

到了对岸的箱根町码头，我们在边上找了家能看湖景的饭店，吃了当地著名的"豆腐衣饭"，便宜而美味。

吃完步行 5 分钟，就是向往已久的"杉树林步道"了。一进去便是与世隔绝的宁静阴凉，两公里的石子路，虽然豆豆坐在推车上坑洼颠簸，但新奇的环境也让他兴致颇高，时不时下来找找蜘蛛网，看看大树洞。这样的巨大杉树林我们也只在美国见过，只可惜这里没有旧金山上蹿下跳的松鼠。

交通科学之山间出租车

杉树林道出来，打车去目的地箱根园。1000 円的路途很短，可沿着湖边山林道上坡下坡的蛇行却把小孩子乐坏了，原来在车上左晃右晃摇来摇去对孩子来说是那么愉快游戏。

动物亲密之箱根园里的小动物园

工作日的箱根园人不多。小小动物园里的内容和大阪萌宠动物园的差不多：豚鼠、兔子、小狗、水豚、羊驼都可以喂食逗弄，这里还有黄金蟒和一些蛇类、蜥蜴、鸟类的展示，这些如今也有人当宠物来养了。室外还有天鹅和鸭子。只是不如大阪的干净，孩子也不如之前那么兴奋，但还是挺高兴的。

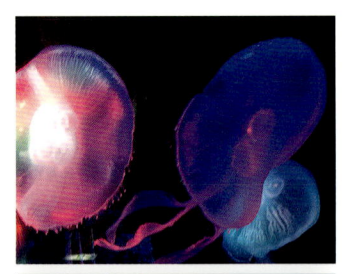

🚗 动物亲密之箱根水族馆

箱根园里的水族馆是出乎我们意料的。本以为这么个小地方里的水族馆肯定没啥好看,进来了才知道,即使不大,但只要游客不多,水族馆就是个很吸引孩子的地方。豆豆在一个个观察窗里钻进钻出奔来跑去,兴致特别高。还充分展现他的想象力:"妈妈你看这个海胆,像灰尘精灵(《龙猫》里的角色)一样!","哇!Jelly fish像月亮,还像蘑菇,还像雨伞,还像方向盘"(好吧,三句离不开交通工具),"这个绳子鱼真好玩,像筷子一样"。

水族馆出来,再打车回码头,正好赶上最后一班海盗船。然后索道车、斜行电梯回酒店。又是一顿精致丰盛的料理后,放倒娃,我和豆果爹在初秋的露台上泡泡温泉聊聊天,快乐逍遥请自行脑补。

在箱根的早上,豆豆起得最晚,孩子大概也感受到了这里的舒适和放松。喝完晨奶,他也喜欢跑到露台上,或者猫着腰找胖胖的毛毛虫,等小鸟来吃;或者探着身子看伸到露台上来的山树花草。累了躺椅上一横,臭小子也学会享受了。

🚗 强罗公园

离开箱根的那天早上,吃好饭整理好行李放在前台。酒店又开车送我们到车站旁的强罗公园。公园小巧安静,却也有个内容丰富的室内植物园,还有制作玻璃、制作陶艺等各种适合青少年的体验学习活动。小学生来这里应该会很有意思。

最出乎意料的,是这个非常非常小的公园里有各种"路态",石板路、石块路、枕木路、碎石路,七歪八扭地走这些路——3岁小孩乐得格格直笑。

逛完公园,再打电话请酒店把我们的行李送过来,并把我们送到登山小火车站。先坐小火车下山,然后新干线回东京。虽然箱根到东京还有很多其他交通方式,但是新干线是最快的,只要40分钟不到。很适合带小宝宝的父母。

陶艺体验中心

周围很多父母朋友都对我的箱根之旅感到意外，小小孩又不能泡温泉。更想不通的是我们为啥会带着孩子还要住上两晚。但可以很负责地告诉大家，带着一双发现的眼睛和一颗体验的心，箱根值得住下来好好感受。当然，选择一家好酒店是一切美好的前提。因为它不仅为你提供方便的交通接送、无可挑剔且不用再费半点心思的美味餐饮，更重要的是，它把所有游玩之外的时间和空间都变得富有美感而值得享受——连 3 岁小孩都会留恋。

东京篇

🚗 动物亲密之上野动物园

一路水族馆、动物园看过来，再加上在国内豆豆也偶尔去动物园，所以我们并没有很大动力把上野动物园都看遍。值得称道的是动物园的设计很人性化，我们看过的每个馆，都能确保有角度可以把里面的动物看得清晰完整。在上野动物园里豆豆第一次近距离清晰地看见了大老虎、狮子、黑熊、棕熊，还有他念念不忘的 polar bear。这几只北极熊几乎和我们脸贴脸，就隔了一层玻璃，别说豆豆了，我们当爹妈的都兴奋得不得了。还有喂食海豹，豆豆也定定地看了很久。

🚗 交通科学之上野动物园小火车

动物园分东园和西园，两园之间有高架小火车来往。这个小火车是倒挂在轨道上的，挺新奇，还画满了可爱的动物图案，豆豆看了又是大呼小叫一番。

🚗 交通科学之 Himiko 水上巴士

接下来的交通科学游都和台场有关，有必要先介绍一下。台场是东京边上一片填海而来的商业区，因为有海，所以不同于东京市区的拥挤嘈杂，这里天高海阔，很有休闲周末的感觉。而在豆豆看了不下30遍的《汽车总动员2》里，东京赛道有一段是经过台场的，镜头里有摩天轮，台词里有"彩虹大桥"。再加上台场还有丰田汽车馆、科学未来馆、船舶科学馆等豆豆和豆果爹喜欢的场馆，综合评估后豆果妈就决定把东京的最后一天都贡献在这里啦。

JAPAN | 61

东京，住4晚，玩3天半。一天上野动物园（上野公园），一天吉卜力美术馆，一天台场。我们的"交通科学+动物亲密"主题完成得算丰富了。对于不到3岁的孩子来说，他能看懂、有感受、也的确产生兴趣的东西，在豆果妈力所能及范围内的，已经展示得淋漓尽致。而主题之外，旅行也带来更多启迪，听豆果妈慢慢讲来。

船舱里非常舒服，来一份冰激凌，边吃边玩，近一小时的船程很快就过去，比坐地铁舒服太多了。带孩子去台场千万别错过

　　从上野到台场，我们很明智的选择了一条水路——两三站地铁坐到浅草，然后搭乘水上巴士直达台场海滨公园。Himiko 水上巴士很酷，据说原本是由日本漫画大师松元零士在漫画中设计的一种未来类似飞船的工具。 现实中的水上巴士造型前卫，流线型银色的外壳包覆着如网眼般的七个"3次元展望窗"，到了晚上还会闪烁变幻着浓紫、萤蓝等超高辉度LED，宛若一艘从幻想世界飞进现代的未来之船，让热爱超现实世界的大人小孩皆为之疯狂。

交通科学之丰田汽车馆

不得不佩服日本人,仅仅是一个丰田公司的汽车馆,也很精致。一部分是老爷车陈列馆,美轮美奂的老爷车,配上符合情境的背景和灯光,每台车都是艺术品。另一部分是个巨大的丰田都市陈列馆,展示了丰田现有的 140 个车型和最新的模拟驾驶系统。孩子们最感兴趣的是欢乐驾乘馆(ride studio)和红色场地里的各种模拟驾驶(其中有一个好像是卡雷拉赛车)。欢乐驾乘馆是用"开车"来教育孩子们各种交通规则和标志,要 3 岁以上的孩子才能进,男孩父母切记哦,不然也会像我们一样望车兴叹。

开不了小车，豆豆就开大车。140 种车型基本每辆都可以上去坐坐，豆豆就挑小型车一辆一辆打开，"模拟"驾驶一番，过足了开车瘾。

我们在台场还去膜拜了真实尺寸的高达，逛了 Venus 城堡（商场），坐了不用排队的摩天轮，给小号自由女神像拍了照，在丰田汽车馆门口的儿童乐园里玩了半小时⋯⋯实在是没有时间和力气去看科学未来馆以及船舶科学馆了。也好，留到以后果果（编辑按：作者的二宝爱女）大了，再一起来探访吧。

一场旅行下来，我好像又对孩子多了些认识。

小动物与大动物。比起中等个头的各类动物，豆豆更容易被特别大型的或者特别小巧的吸引。奈良的鹿和各地都有的羊驼虽然可以喂食，但不及巨大的北极熊长颈鹿更震撼，也不如小兔子、小乌龟、小猫、小狗那样能让豆豆爱不释手——小小的动物也许能让孩子有更多共鸣和安全感。以后看动物园，就更有方向啦。

乌鸦、神庙、石板路。 东京的三天半，每个傍晚我们都在上野公园度过。这是个涵盖了各种美术馆、博物馆、神庙、古迹的大片区域，也和美丽的东京大学开放式校区也连在一起。我们总是推着豆豆带着模糊的目的闲逛，路遇漂亮的建筑就是惊喜。参天大树间飞来飞去的巨大乌鸦和它们回荡在空旷空间里的叫声总是会让孩子驻足观望思索。傍晚古迹神庙都快关门，这个时候进去，没有人，暮色中的宁静更加渲染了神圣悠远的气息。豆豆喜欢在古迹里踏各种石板路、走各种各样高低错落的地形。有了这个孩子，我才第一次发现，低下头，原来脚下也有那么多乐趣。

迷你版的自由女神像
真实尺寸版的高达

吉卜力美术馆

吉卜力美术馆。日本回来，豆果爹说：谢谢老婆帮我完成了一个梦想。通过《龙猫》，豆果爹成功地把这个梦想种植到了他儿子身上，于是我们一起去朝拜宫崎骏的殿堂。细节不描述了，每个人都有自己的体会。在龙猫巴士区，看见两个大学生模样的女孩，摸着龙猫巴士的头轻轻赞叹：好可爱，眼光里满是欣喜，像遇见久别的老友。那瞬间我突然有要泪涌的感觉，大师，就是这么撼人于无形中吗？

豆豆玩龙猫巴士两次都哭着不肯出来，人太多，游玩只能限时。爸爸边看边教豆豆动画片制作的过程，小孩子其实还听不懂，而且由于人多，感觉豆豆有点焦躁。他好像很不喜欢因为人多造成的空间局促，以后再去什么地方，我心里就有数了。

> TIPS
> 吉卜力美术馆没有现场的购票，必须提前在日本便利店或网上购买。我们是通过万能的某宝买的。事实上，几乎所有日本旅行相关的服务和产品都可以在某宝上搞定。爸妈们尽情搜吧。

三段行程里，我最不喜欢东京。虽然回忆起来，觉得行程安排还是很合理的，内容丰富、照顾到大人小孩各自的需求，玩的时候也很开心。可是记得当时在东京，人就是觉得闷闷的，有种隐约的焦躁。豆豆到了东京也开始变得敏感，第一个凌晨就哭喊肚子疼；第二个早上为了一块隔夜的蛋糕大哭大闹，到哪里都不肯走路，只肯坐推车，回上海的飞机上一路哭到我头炸。

想来想去，觉得应该还是吃和睡的原因。

带着孩子，没法像标准吃货那样为美食东奔西走，只能在景点或酒店周围解决。在东京就很难有大阪和箱根那样惊艳的餐饮。东京 4 天，只想推荐一家鳗鱼料理店，在上野公园内，口味、环境、格调都赞。

还有一顿午饭在上野公园里的一家西餐厅——星巴克对面，很容易找。参天古木下，碧绿草坪边，前面是巨大林间广场，有艺人随着音乐表演魔术，蓝天白云下，一切如此美好。豆果爹强烈要求进去午饭，味道居然也不错，再加上情境美，心情就有 90 分了。

其他的几顿晚饭，都在上野站周围的商场里解决，平心而论味道都是不错的，放在魔都，一定都会小火一把。只是人都很多，前后左右都是上班族的忙碌，虽然没有写在脸上，但就是能感觉到那种压力。在东京吃饭，心境不舒服。

酒店的情况也是如此，东京我们住在三井花园酒店，上野站出来过个天桥就到，是我能找到的交通最最方便（JR、地铁、京成线交汇，最重要还有新干线）、条件也相对较好、又紧邻主要游玩地的唯一酒店了。只是房间那个小啊！我在前台临时加钱升级了房间，也还是只有 24 平方米。幸好升级的是熊猫房，从窗帘到床品、用品统统打熊猫牌，还有一个大大的熊猫玩具给孩子抱玩，总算让小爷入住时眉开眼笑了。

不过，旅行嘛，总要有点遗憾、有点折腾的。每个旅程，往往是那些当时最苦、最险、最糟心的部分日后回想起来更有趣、刺激和深刻。所以带着孩子出行，他笑也好，哭也罢，重要的是，我们在一起，走过了这一程。

东京三井花园酒店熊猫房

上野公园参天古树下的星巴克

END

《日本 10 天 "交通科学 + 动物亲密"之旅》
实用且一目了然的行程

📍 大阪奈良

第一天： 8:25 浦东机场——12 点关西机场——机场午饭——南海电铁——2 点到瑞士酒店——午休未果——心斋桥、道顿崛闲逛——蟹道乐晚餐；

第二天： 酒店外快餐店早餐——天保山海游馆——天保山 market place 午餐——天保山摩天轮——大阪港帆船游轮——market place 大楼里的萌宠动物园——法善寺横町 M 家烧肉；

第三天： 便利店早餐（豆果妈下楼买，特供客房服务）——近铁特急——奈良公园喂鹿——春日大社——近铁回酒店——难波公园——难波 city 晚餐（放题 Shabushabu）。

因为带着太小的孩子又省略了午睡，本次旅行所有日程都没有夜生活，爸妈们都懂的哦。

📍 箱 根

第一天： 7:54 新大阪站坐新干线——11:20 到达小田原站换乘箱根登山小火车——12:30 到达强罗站——午饭——酒店喝茶等待 check in——雕刻之森美术馆——回酒店晚餐；

第二天： 早餐——电梯——早云山 rope way 站坐索道车——大涌谷——桃源台码头——海盗船游览芦之湖——午餐——两公里杉树林步道散步——出租车到箱根园——小小动物园——箱根水族馆——海盗船、索道车回酒店——晚餐；

第三天： 早餐——强罗公园——登山小火车下山——新干线前往东京。

东京

第一天： 箱根强罗——东京（新干线）——上野公园周边熟悉；

第二天： 上野动物园——公园午餐——不忍池——上野公园周围神庙、古迹、大学闲逛；

第三天： 三鹰市，参观吉卜力美术馆——小逛井之头自然文化园（大一点、体力好一点的孩子值得一去，从吉卜力美术馆可以步行到达）；

第四天： 上野——浅草——水上巴士——台场海滨公园——巨型高达——丰田汽车馆——维纳斯城堡商场——摩天轮——丰田都市陈列馆——儿童乐园。

介绍此行帮了大忙的几件神器，供大家参考

1. 随身WIFI。某宝有租，一天租金约20元人民币。行走在日本，有了此物其他几件神器才能发挥作用。

2. Google 地图，极清晰。出了国境才能用。

3. hyperdia.com——用wifi在手机上直接打开，中文拼音输入出发地和到达地，会显示所有可行公共交通的换乘路线和时刻表，精确无比。我攻略做得很粗，当地来往全靠这老兄指导。

4. Tripadvisor的APP，会根据你的位置推荐饭店。我们就是这么找到M家烧肉的。

童画

豆果妈

- 目的地：韩国济州岛
- 娃　龄：28个月
- 关键词：海岛游　酒店游　三口之家游
- 行　程：3晚4天　　·住　宿：新罗酒店
- 时节和气温：5月初，24℃左右，海滩上亦达到29℃
- 消　费：约1.5万元人民币（三口之家吃住行全含）

JEJU ISLAND

两岁半宝宝的超完美假日

济州岛新罗酒店深度亲子游

　　两岁半不到的豆豆第一次出国，第一次坐飞机，第一次去海边，第一次爬山。因为有这么多"第一次"，所以我慎重选择了目的地。去济州岛，首先是因为它方便。飞行时间只有50分钟，对于从没坐过飞机的娃来说肯定不会有"坐不住"问题。而且不用签证，省事。第二，语言不是问题，酒店里随便拉出个服务员都会点中文。我们就遇到了一个特别热情可爱的帅哥服务员用中文逗孩子玩。第三，有山有海有美食，风景好，民风淳朴。带孩子去看海，就从这里开始。

酒店花园里的小小动物园

🚗 酒店里的山海乐园

先从山说起。

酒店建在济州岛海滩边的山崖上，有个巨大的花园，花园里有可以喂大锦鲤的池塘，有高高低低的台阶和斜坡。对于两岁多的娃来说，有时光爬上爬下就已经是乐趣了。

Point 来啦！沿着台阶稍微往下走点，居然有个小小动物园！

其实，那是酒店的养殖区，里面种了一些韩国本土特有的植物，还有一个小动物房舍，里面养了小松鼠、小兔子、小鹦鹉，还有胖胖的小母鸡。这时豆豆乐坏了，他好像还从没在那么天然的环境里如此近距离地和这些小动物们接触过。于是每天早上醒来都要去看小松鼠，然后总是很兴奋地拖着我说："妈妈你看，它们在吃饭！又来一个！它也要吃饭了……"

继续沿着台阶走，很快就有一段非常陡峭的掩在绿荫丛中的台阶山路，这对才 28 个月的豆豆来说是个不小的挑战，但他每次都走得得意洋洋。

台阶的尽头，就是新罗酒店的私享海滩了。虽然不是名义上的亲子酒店，但新罗在方方面面都很照顾孩子的需求。瞧这个大塑料池！是方便孩子们玩沙时舀水用的，还可以在里面开小船！小船哪里来？酒店在海滩边准备了很多玩沙工具，里面就有小船。暗暗庆幸还好没有自己背来啊。

海滩上除了冲洗龙头、躺椅、阳伞、毛巾等基本设施，还有一个酒水吧，在里面的沙发床上躺躺，露台上的秋千椅上坐坐，再来杯免费的冰红茶，爽歪歪了。

这片海滩还有个好处就是尽头有礁石，那可比纯沙滩好玩。礁石间的小水塘里可以开小船，可以舀水玩，还可以抓小鱼小蟹。豆豆在这里第一次认识了寄居蟹。爷儿俩在礁石上一玩就是两个钟头。

喜欢戏水的孩子很适合这里。酒店花园里有一个露天泳池，带两个小的热水泳池，毕竟下海需要合适的天气，在这里孩子们任何时候都可以玩水。室内的泳池也有娃娃池，可惜豆豆不喜欢游泳，要不然就爽了。

要是遇上坏天气实在没地方去，酒店里还有一个金宝贝游乐室，画画、看书、滑滑梯，足以消磨时间。

🚗 贴心的亲子服务和餐饮

酒店还提供很多亲子服务，比如婴儿推车的租用（只限于酒店、花园、海滩区域），床栏的提供（这样就可以不加床啦），在餐厅吃饭如果人不是很多的话，服务员会拿小画具和各种形状的气球给宝宝玩。韩餐厅和日餐厅都有专门的儿童套餐，个人觉得韩餐厅的儿童餐健康又好吃，豆豆爱极了里面的小银鱼，紫菜和米饭也很适合孩子，再来点肉饼主食，每餐都吃得很开心。

对于大一点的孩子，酒店还组织很多活动和课程。因为我家娃还小，我就没有太留心，但听五六岁孩子的妈妈们说很不错。我们自己有天在酒店的后花园草坪上看到工作人员带着孩子们玩"水火箭"，好像就是利用火箭里的水瞬间产生高压气体后把火箭喷射到非常高的天空上。几个大孩子玩得很high，豆豆在边上看得久久不肯离开。

住过这么多的酒店，很少有像济州岛新罗酒店一样适合带年幼宝宝去"玩"的。因为孩子还太小，又是第一次出远门，所以我们希望行程尽量宽松、舒适、有乐趣，让孩子爽爽地玩一次海。新罗酒店符合我们所有的要求。回来后，豆豆经常说"我去过海滩的，我还要去"。

另外新罗特别适合"事儿多"的小宝宝。我们这次没有带任何游泳、玩沙装备，甚至带的宝宝餐具也没怎么用上，吃饭时酒店还有一次性小围裙，自助早餐时我跟服务员说有宝宝，人家就很积极地拿来煮鸡蛋、酸奶、松饼等让我带走。听去过的妈妈说温奶器和消毒锅之类的酒店也有准备。简直就是为宝宝们度假准备的。所以在酒店里随处可见二拖二、二拖三的韩国家庭，常见动作依然是：爸爸左手抱一个，右手举着手机看；妈妈怀里裹一个，手推车里推一个。

孩子小，还需要定时午睡，我们不想太折腾，于是选择了新罗酒店，它是全岛、甚至全韩国最一流的五星级景观度假酒店，关键是，它很"亲子"

🚗 酒店周边儿童项目和设施

4天行程里的3个上午，我们都是在海滩上度过的，孩子一点儿都不腻，我们也很轻松。下午舒舒服服午睡后，可以参加酒店的活动，也可以去酒店周边的泰迪熊博物馆、巧克力博物馆、Hello Kitty博物馆、如美地植物园、天帝渊瀑布逛逛，都是孩子的菜。

泰迪熊博物馆里叹为观止的巨型熊偶表演

酒店里吃腻的话，推荐一个酒店门口的饭店"明家"。这家的牛排汤绝对让你"惊艳"，烤肉更是香得无话可说，牛肉蘑菇锅也性价比颇高。牛肉都炖得很烂，也可以用剪刀剪碎给孩子，重要的是每个汤里都有很多蔬菜，还有粉丝，那些赠送的不辣的小食也很健康、好吃，吃完可以再要。不要图方便在酒店附近的美食街上吃饭，旅游区的餐饮，你懂的。可以打车到西归浦市区吃饭，参鸡汤比较适合孩子。

旅行助手

　　比起济州岛其他酒店，去新罗饭店的中国人不算多，毕竟价格有点小贵。我是从booking网上订的，如果时间宽松的话，可以多选几个不同的时间比较价格，周末要比周中贵很多，3晚的平均价格要比4晚的平均价格便宜。我们选了五一以后的第一个周中，含早餐合下来六千多人民币，比托韩国朋友从当地网站上订便宜不少。机票有春秋航空九百多元的，但考虑廉价航空不适合宝宝，最后还是折中订了东航的，算下来机票比酒店贵。

　　济州岛是个一年四季都值得去旅行的大岛，但春秋天5月和9月是最舒服的。因为七八月是韩国大人放"暑假"的时候，岛上各大海滩人满为患，酒店也订不到。而冬天雪中的济州岛虽然美得令人心颤，但"大风岛"的美名不是白得的，冬天的风不适合小宝宝。

　　如果真要带孩子玩济州岛，我建议：1）千万不要跟团，旅行团带的那些景点在咱国内顶多算三流吧；2）租一辆带司机的车，或者长包出租车，一天大约人民币650元。济州岛的公路都是高速路的品质，点与点之间人少车稀，在海岸公路上飞驰时颇有点夏威夷的感觉；3）当地民风淳朴，找个好司机，会带你去好饭店、好景点——真正韩国人才去玩的休养生息之地。

END

童画

豆果妈

CHIANGMAI

不走寻常路

清迈7日亲子游

- 目的地：清迈
- 娃 龄：3岁
- 关键词：风景绝美 叹为观止 别样亲子游
- 行 程：春节7日游
- 住 宿：稻田别墅 大象营 艾美酒店 文华东方

着手订酒店时，惊喜连连：好便宜！美翻了！结合穷游、蚂蜂窝、airbnb、booking以及蝉游记，我在几番纠结中订下了三家酒店。虽然只是住宿，但它们奠定了整个清迈游的基调——多样、休闲、美得荡气回肠。从稻田别墅到山林中的大象营木屋，再到让人叹为观止的皇家园林式酒店文华东方，每一处本身就很值得玩味，每一处都代表一种生活方式。于是我很坚定地甩开那些清迈的常规景点，划掉寺庙、大学、宁曼路。胸有成竹地带着老公孩子，开启了一次别样亲子旅程。

荷塘小景

稻田别墅篇

🚗 世外桃源

　　从机场开出一小时，进入乡间地带。途经四季酒店时司机给我们的住处打了个电话问路。然后转进一条小道，又蜿蜒行进了十多分钟，才在路的尽头停下。灰色的墙面上干净简洁地装饰着酒店的名字Logo：Ramrimna Villa。登上二楼的餐厅兼大堂，不由得深吸了一口气：落入世外桃源了。

　　酒店只有四栋别墅，一栋书房，而当天我们是唯一的住客。

那天下午我们被酒店的美牢牢锁住，没有再出去。豆豆和我们先是在餐厅喝一种味道淡雅微甜的特调饮料，然后干脆点了盘泰式面，笃悠悠地享受起了这一切。四栋别墅连同主建筑餐厅一起建在稻田边高高搭起的木质露台上，我们那栋前面还有个泳池。每栋别墅都自带一个私家露台，藏在一扇极具设计感的院门后。走下露台是片精心修剪过的草坪和漂浮着莲叶的荷塘，穿过草坪，便是稻田。

一个地方有多美好，看看孩子就知道。豆豆只有38个月，还没法用精准的语言来描述自己的感受，我只看到他在笑，脸上有那种很舒展的表情，要走下台阶去探索的迫不及待，想藏又藏不住。于是爸爸等面的时候，我带着豆豆初探这片室外桃源。踏田埂、跨小溪、爬矮坡、看水牛、逗小猫、追大鸟、望白鹭、玩小虫子……对于城里孩子来说，这一切太新奇太美好了，而且是那么安全和舒服。

玩了一圈回来，爸爸盘子里的泰国面只剩下点渣了，尝了两口，居然出奇美味。赶紧又点了一堆菜，这种view加上这种味道，在魔都的价格一定是这里的十倍都不止。换爸爸带豆豆去继续探索，我则趁等待空隙，一个人静静享受山谷稻田的气息、空气的清冽、溪水和虫鸣的声音，还有白鹭的翱翔。住在这里，一定会俗俗地觉得生命如此美丽。

豆果妈

会去清迈，是因为搞地震地质工作的公公之前提到过，他们云南的朋友常去泰国某处山间过年。气候温暖，租个庄园，风景绝美，吃喝不愁，腻了就借个小车到处逛逛，神仙般的日子，太符合春节带3岁娃出游边走边歇的诉求了。这些搞地质的人看遍奇山异水，他们说好的地方一定差不了。一打听，才知道这个某处，就是清迈。

小院门  　　　　泳池、稻田、远山

天然竹林相框里的别墅

这里的照片都是豆爸用手机拍的。这次旅行让我深感文字的无力,我没法写出自己对这家别墅酒店的准确感受和赞叹,只好一遍一遍看照片

🚗 清迈动物园

之所以选择这个动物不多、又不太受大众欢迎的点，是因为看到攻略上写它依山而建、足够大、没有人。果然，清迈动物园其实应该算是有几只动物的山林公园，几乎没有游客。地广兽稀，动物们的居住环境好得出奇，围栏也若有若无。我们就坐着电瓶车，到一站下来，爬爬石梯，看看参天大树，顺便探望一下悠闲自在的动物。完全没有逛景点的目的感。

如果你意在看动物，并且已经规划了夜间动物园的行程，这里就不必来了。如果只是想延续清迈的休闲生活，推荐这里，因为清迈城里几乎没有苍翠的大公园。

🚗 古城（契迪龙寺、清迈公园）

离开清迈动物园吃完饭，我们前往古城，直奔契迪龙寺。低幼版亲子游，佛国寺庙不在我们的旅行项目内。但作为清迈万千寺庙建筑里的最震撼之作，还是值得去感受一下。

真的很大气。肃穆庄严和历史感同在。

看完契迪龙寺，小爷已经略显疲惫。这时气温升至一天中的最高点，将近32℃。于是转入古城西南角的清迈公园，门口有家 Cafe De Garden，人很少，咖啡浓烈香甜。在这样子的风景中来一杯冰拿铁，想想有多爽吧！

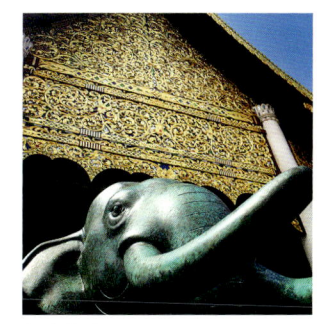

契迪龙寺

清迈公园

🚗 湄沙瀑布

要孩子开心很简单：自然、动物、儿童乐园。我家老爷小爷都是自然派，清迈这种清新山水又特别适合孩子，于是，同样不太为游客注意的湄沙瀑布又成了我们的好去处。

瀑布离酒店很近，开车十来分钟。十层的瀑布从高高的山上一层一层泻下来，每一层都不是很高，但层次却挺多。山中有小潭，可以在小潭间的大石块上爬来爬去。豆豆很享受爬山的过程，每次爬了一段快累了的时候就会看见一层瀑布，正好去玩一会儿歇一下。石阶不像往日的楼梯那么整齐，歪歪斜斜，有的比他半身还高，他也爬得很带劲儿。1500米的山路对3岁娃不算短，在树荫里爬也是汗流浃背。

🚗 素贴山、双龙寺

玩好瀑布就回酒店午饭休息，躲过清迈最热的正午，3点出发前往素贴山。这一站就是传说中的鸡肋景点，"不看可惜看了后悔"的游客必到项目。可圈可点的只有上山下山盘旋清凉的弯路，和双龙寺货真价实的金碧辉煌。孩子无感，念叨着离开；但爱摄影的爸爸却被这种压倒性的色彩搭配所吸引；而我则因为人多，有点心烦意乱。

🚗 夜间动物园（Night Safari）

如果你喜欢看动物，那么Night Safari很好玩，也很轻松。瞄一眼门口的音乐喷泉秀和人妖秀，就直接坐上观光车。观览过程虽然和上海的野生动物园差不多，但体验实在要棒很多。最大原因可能是这里的非肉食性动物几乎全部是放养的。车子到一个区域，动物们就直接涌上来讨食吃。车子又是那种全开放式的电瓶车，和斑马、长颈鹿、麋鹿、羚羊这些动物贴身接触的感觉实在很奇妙。近距离看那些湿漉漉的大嘴唇把你的香蕉和胡萝卜吸进去的瞬间，惊叫声和欢笑声不断。

小屁豆儿摸老虎

🚗 老虎王国

因为豆豆最近特别爱说"我是大老虎！哇吼！"，这个地方又离Ramrimna很近，我便把这个点也加进了行程。感觉性价比不高，但体验独特。老虎王国像个小公园，里面不大却很干净，没有丝毫异味。大、中、小、特小老虎分别在不同的区域，需要买不同的票去和它们嬉戏。我们买了全家的特小老虎票和只有两个大人才能摸的大老虎票，花了五百多元人民币。但是最后大老虎只有我一个人进去摸了，因为管理人员不允许我们轮流进，必须把豆豆留外面我们两个大人同时进（我觉得这个有点不合情理）。于是豆爸只好浪费了票在外面陪豆豆。小老虎很可爱，看它们打架，摸摸它们软软的身子，真有点爱不释手。

你一定发现我们的行程很松散，一天只安排一两个项目，连吃饭也算在内。这么做最大的好处就是让"身心愉悦"。因为选择了极具当地特色又如仙境般美丽的酒店，大人孩子都太留恋酒店里的时光。每天早晨听着鸡叫笃悠悠起床，豆豆就吆喝着爸爸去"爬山"（其实只是片小山坡），绕过稻田，跨过小溪，跟水牛打声招呼，再从向日葵花田里走回来。有时候豆豆会说要去找那只大公鸡，其实是在隔壁村民家门口隔着篱笆看到满地散跑的小母鸡。日落前的时光最好也都在酒店里消磨，有块看上去像开 party 用的大草坪，父子俩就在上面踢球。当妈的坐在高高的露台餐厅里，看斜阳远山稻田的大美背景里只有自家两个男人在欢乐地奔跑，那种幸福，足以照亮接下来的一整年了。

山野木屋篇

🚗 大象营

　　清迈的第二个住宿地，Chai Lai Orchid Elephant Camp。没错，就是住在大象营里面，因为很想重温一下在肯尼亚和长颈鹿、羚羊、斑马同住一间酒店，推开窗就能看它们散步吃饭的奇妙感受。我以为大象营也会同样这么天堂，没想到忽略了一环，2月清迈的山上，早晚好冷。

　　客观来说，这个大象营是很好玩的。进入营地先要走过一座高高的长吊桥，晃晃悠悠地看着脚下峡谷间漂流过来的竹筏，感觉要与世隔绝了。除了竹筏漂流、骑大象散步、过河外，还可以给小象洗澡，到稍远处的雨林里玩丛林飞跃等项目。可我家小爷在这些充满野味的活动面前退缩了。真正让他乐不思蜀的是在山林里逗小羊，在悬崖上的餐厅里喂狗狗和抱小猫。

喝着热可可看别人骑大象　　逗小羊　　又爱又怕摸小象

豆果妈

春节出行的基本方针是"过慢生活，求新体验"，所以会在清迈这个很多人说没啥玩的地方呆了整整7天。"生活"的重要部分就是住宿，旅行中也至少有一半的时间是在住宿地度过，于是这次亲子游会特别关注住宿。前面的稻田别墅和今天游记里的大象营木屋都丝毫不奢华，甚至有点简陋，但都给我们带来了极为美好和独特的感受。而山野大象营更有刺激和意外，圆满完成了"求新体验"的目标。

大象营里的住宿设施和稻田别墅对比鲜明，价格是稻田别墅的一半（400元人民币）。我们那间木屋又远离餐厅和其他客栈在更高处，更显凄冷。虽然高架在山上的兰纳木屋简洁宽敞且通透明亮，还有一个非常大的木头阳台，可以坐着，近距离细赏楼下来来往往的大象，但木屋到处都是缝，没有热水壶，没有洗漱用品，没有浴缸，没有浴帘，没有洗脸池，没有热水，卫生间没有装修，只有淋浴龙头里一点半温不热的水。

夜幕降临，山里一下子变得非常冷。豆豆乐呵呵的钻到他的地铺里，可当妈的还是担心地铺上爬来爬去的小虫会钻进他的被子，终于还是让他和我们挤1米5的小床。事实证明这个决策很明智，因为到凌晨四五点我就冻得只能紧紧挤着儿子的小身体取暖，恨不得躲到两个男人中间去猫着。最后一直在被窝里裹着毛衣到八点多才哆哆嗦嗦下床。

这次算是认清了自己想要同时追求自然和舒适的懒娘本性。山林足够自然、木屋足够狂野，但哪怕外面的银河再灿烂，我也不愿意哆嗦着在伸手不见五指的漆黑树林里看星星。孩子倒真的无所谓，豆豆面对这个环境很开心，男子汉气概还长了点，上坡下坡老说："爸爸你慢点走，这里太高，我来扶你哦。"

木屋除了有水、有电、有被子外，基本和野营无异。但白天暖和的时候，依然不失为一个舒服的避暑胜地

市井风光篇

🚗 艾美酒店、河边餐厅和夜市

受不住大象营的寒冷，原本住两天的打算变成了一晚，第二天早晨还在被窝里的时候我就打开 booking，以迅雷不及掩耳的速度订下了当晚清迈市中心的艾美酒店。中午逃到艾美，看到现代装修的玻璃陶瓷卫生间，我都快热泪盈眶了啊！

午饭后在房间里躲过炎热的 33℃，四点半出发步行去湄萍河边颇受赞誉的 Deck 1 饭店晚餐。沿着河边慢慢走慢慢看市井，豆豆居然也走了一小时，在到达前 30 米处才求抱抱。3 岁小伙子长大了。

饭店很棒，坐上靠河的甲板位，头顶是巨大的树荫和飘逸的天灯，看河面上船来船往，像神仙在看人间烟火。

晚饭后我们叫了辆突突车回酒店，100 泰铢（约 20 元人民币），夜市花市在身边经过，体验一把坐三轮小摩托车吹夜风的爽快。

酒店楼下就是某著名夜市，顺便逛一圈，给自己和豆豆买了点当地特色服装，几十块，入乡随俗。

山野大象营和艾美酒店的住宿是我们此行中充满意外的一段，出乎意料的变数让旅程更加刺激有趣，也更加丰满。我是个喜欢事事规划的人，但也不拒绝转角遇见的惊喜。

豆豆挑衣服

入乡随俗，换装
种水稻太好玩了！妈妈在旁埋头苦插
骑在水牛背上过除夕

豆果妈

7天的清迈之旅，豆豆同学先下乡、再上山、意外进城、最后以入宫收尾。文华东方酒店（现更名星光女神黛拉德感酒店）就是这座皇宫，它完全参照兰纳皇宫的建筑和园林风范来布局构建。让孩子感受不同风格的居住建筑，这是为娘的小私心，也是决定花"巨资"住两晚时给自己找的借口。我对它充满期待，到底是什么样子？

文华东方篇

趣——先看看豆豆是怎么玩的

酒店有免费体验种水稻活动，但名额有限，我们没报上，就另外付费约了私家体验。我和豆豆，1200泰铢／人。穿好特制的只进水不进泥的袜子，然后到一片稻田里取秧苗，再一束一束插到另外一片水田里。脚踩冰凉软泥没过小腿的感觉太奇特了，小豆豆转眼变成小农夫。插秧前会带你骑水牛，插秧后还会回到 kids club 去体验把稻谷碾成米。进宫没当上太后，反倒种了一把地，不过对于在城里被关惯了的大人小孩来说，这种既安全又舒服的特别体验实在太好玩了。

酒店超大。据之前在那里租到过自行车的妈妈说，里面骑车绕一圈要20分钟。初到时我们的管家开电瓶车带我们参观讲解了一下，花了一个多小时。这里最吸引我们的还是3片开阔多姿的稻田，孩子在田间地头玩起来，时间一下子就不够了。

夕阳下，豆豆缠着爸爸去稻田边，猫着小腰撅着屁股摘稻穗，然后看爸爸费力的把米粒从稻穗中拨出来，高兴的大叫："妈妈看！这是米，烧一烧就能吃啦！"——这情景，单纯、美好，深深刻在我心里。

酒店多美多酷先不说。因为足够大，铺得开，小豆豆到哪里都有得玩。孩子总是被出人意料的细节打动。

某个别墅泳池边的石莲花池，大人也就当一般的小景来看，孩子却觉得是个特别好玩的游乐场，在上面蹦来蹦去练跳功。这个地方一玩就是20分钟。

豆豆、爸爸、稻草人

把米粒从稻谷中拨出来这么费力，豆豆终于知道吃口饭不容易

最南边的别墅院落里带了个有机蔬菜园。草莓、西红柿、丝瓜、土豆、生菜、花菜，好多片作物高低错落地划开。孩子在里面开心又好奇地走来走去，妈妈更起劲，在管家同意下摘个草莓尝尝鲜。

　　Kids club 好像真的不重要了，虽然孩子还是习惯性地念叨，但两天里真正消磨在这儿的时间只有 1 小时不到。这里的 kids club 也是个大院子，进门就是一棵好有年代感的老榕树，长长的气根像珠帘一样从空中垂下来，豆豆被这景象迷住了。

　　院角一边有常规的滑梯秋千，旁边的凉亭里是老奶奶们带着孩子做泰式传统手工的地方，可以画折扇、纸伞、做草艺编织。再往里走才是大休息区和玩具室，小厨房设备看起来很高端哦，还有各种别具一格的玩具，孩子在这里消磨一天都可以。对了，旁边的小院子里还养着一匹小马驹呢！

充满泰式自然风情的 Kids club 一角

别墅院落里的蔬菜园

我们是早上10点钟到的酒店，大堂的气势已经有点皇家风范了。放张晚上拍的照片大家感受一下

🚗 住——最不像酒店的建筑群

　　从大门口到大堂有段长长的迎宾路，两旁是参天大树和一片迷人的大草坪。

　　不算别墅，酒店里也有大大小小几十栋建筑，一路看一路赞，到了Spa处，我们迈不动步子了——那几栋建筑的雕刻和装饰之精美，只能用叹为观止来形容。

　　到处都是佛塔、祈福庙，所经之处的所有建筑都扣人心弦。管家介绍说，这里所有的建筑样式——那些高低错落气势恢宏的尖顶是泰式皇族的标志，建筑的分布格局也是仿照古兰纳皇宫的格局。酒店建筑内的雕刻，无论是木雕还是石雕，都是请知名艺匠手工制作，每一个细节都至臻至美。

精美的红墙，以它为背景的照片都美得像画

88平方米的殖民地套房很宽敞，门厅、客厅、卧室、两个马桶间、超大卫生间、淋浴间、衣帽行李间、还有大露台，感觉堪比上海120平方米的两室两厅两卫了。

　　走下露台就是那个出现在无数旅行杂志上的著名泳池。中间的热水池即使在30℃不到的时候孩子们也可以嬉戏。我们的日程就是30度以上的两三个小时游泳休息，余下的清凉时光探索酒店。两天，真的不够。

赏——举头转角都是美

　　管家说，这座酒店有将近七十栋别墅，六十多间套房，旅游旺季房间总是很紧张。但无论我们在两天里的什么时间出来闲逛，都几乎看不到住客，视野中只有我们3人和微笑的服务员。那些巨大的参天树木让整座酒店都充满了生机和神圣的气息。我们就在这偌大的园子里闲庭信步，草坪、菜园、稻田、小树林……转个弯、抬个头，都是不同的景致和撒欢的地儿。

　　这个叫做"圆形剧场"的地方很特别，像个神秘古老的体育场。照片拍不出它的美，古树、古砖、古塔营造出苍劲而静谧的气氛。豆豆在那些粗糙排列的古砖阶间上蹿下跳自己练起了武功，我们对这里情有独钟。

酒店里还有很多活动

　　Spa、自行车骑游、儿童书籍丰富的图书馆、制作马卡龙、瑜伽课……来不及体验了，留到下次吧。极尽人工雕琢的建筑、极具自然风味的景，好多值得玩味的东西，还有许多许多意想不到的小细节成就了孩子的乐趣。

管家

一进酒店还没安排好房间就先安排好一位管家，带我们参观酒店，介绍各类服务项目，帮忙预定各种活动、餐厅。虽然自行车还是没借到，但水稻终归是种上了，他也全程陪同。我们离开那天早上是6点的飞机，也是管家帮忙安排好凌晨4点送到房间的丰盛早餐，订好出租车，很井然有序。

餐饮

酒店的泰餐厅和日本餐厅都很棒，景观和菜式都无可挑剔。在泰餐厅吃饭时还有一位男服务生和豆豆在露台上玩了很久，拿了本子和豆豆一起画画，我和豆爸得以笃悠悠地吃饭聊天。法餐厅和福建餐厅都没时间去尝试了，想来也会是一流体验。酒店还有几个泳池，每个泳池边都有一个小酒吧，提供多样的饮料和小食。

购物村

酒店自带一个内容丰富的Shopping village，和美轮美奂的泰式餐厅一样，都设在大门外。管家说，那是因为想来参观酒店的人太多了，这两个对外开放的设施放在大门外头就是为了保证住店客人的私密性。Shopping village 是泰式村落般的小房子群，优雅安静，里面有个非常著名的马卡龙甜品店，有专门的制作课程。还有一家福建餐厅，可惜大年夜那天已经被订满，我们错过。其他工艺品店也都很精致，摆设和物品都值得流连。

来之前，我有期待，但没想到一家酒店可以给人这么丰富美好的感知。很庆幸把清迈旅行的最后两天都交给了文华东方，它和前面的稻田别墅、山林大象营木屋一起，让我们的清迈之行与众不同又无比愉悦。这7天里，3岁的豆豆没有任何无端哭闹、固执或情绪发泄，饿了就吃，白天困了就在车上睡，醒了就去放肆探索，他的长时间放松、舒展和快乐是我在平日生活和以往的旅行中都不曾见过的。这也许和父母的状态也有关，因为这里的环境很自然地让我们扔开了俗世烦恼，只调动所有的感官和心灵来体验享受周围的一切。难得和孩子一样"活在当下"，孩子身上也就无形中映射出了我们的状态。

END

清迈 7 日亲子游硬攻略

这次春节亲子游是清迈 7 天 + 香港 4 天，清迈玩、香港歇，劳逸结合，不赶场子不求多，但求每一站都有愉悦体验。当时朋友圈一发照片，立马就有好多朋友要行程。个人觉得这个行程还是非常适合两到四岁低龄娃：

行程单

第一天：上海直飞清迈。到达 Ramrimna Villa，入住撒欢；
第二天：清迈动物园、古城契迪龙寺、清迈公园；
第三天：湄沙瀑布、素贴山双龙寺、夜间动物园；
第四天：老虎王国，四季酒店午餐，前往 Chai Lai Orchid 大象营住宿；
第五天：游玩大象营，前往艾美酒店住宿；
第六天：前往文华东方酒店入住；
第七天：乐享文华东方；
第八天：清迈飞往香港。

下次再去的话我会把清迈动物园和素贴山放在一起，因为动物园其实就在素贴山脚，依山而建的。

回程途经香港，又住了三个晚上，哪儿都没去，窝在愉景湾酒店的美丽海湾里休闲调整。对孩子来说，有海、有沙、有儿童乐园、有爸爸妈妈 24 小时陪伴，就是最开心的时光了。

这里开始罗列清迈之行的吃住行实用信息。

住——4个酒店

稻田别墅（Ramrimna）

Airbnb 预定，八百多元人民币一晚，退订要扣至少 50%。位置在古城西北的山谷稻田中，交通不方便，基本只能自驾和包车，离四季酒店和湄沙瀑布、湄沙大象营、老虎王国很近。

景致美得没话说，120 分。服务态度也很好，90 分。建筑和房间很有设计感，浴缸旁还有个小花园，90 分。房间设施 80 分，因为浴室里没有插座，洗脸池水总是飞溅一身，wifi 信号很不好，只有一把钥匙，没有多余的被子、毯子，半夜起床还能看到壁虎。但是对于一个总共只有 4 间房（别墅）的酒店来说，能有迎宾水果、咖啡机、舒服的拖鞋，以及足以让 3 岁男孩欢畅游泳的浴缸，已经非常令人满意了。

山野大象营（Chai Lai Orchid）

Airbnb 预定，四百多元一晚，可以提前免费退订。位置在古城西南的大山中，从机场或古城开车过去都要一小时左右。

真正的山野木屋，除了水、电、被褥铺盖、毛巾和简单的浴液洗发水，真的一无所有。悬崖上的餐厅就是大堂，wifi 信号几乎没有，但是有很多狗狗猫猫大象和小羊，在餐厅里喝喝咖啡，望望悬崖峡谷间的漂流和大象洗澡还是蛮有意思的。住在这里的都是年轻的西方人，啤酒、笔记本、穿着随意，一看就是来过自然生活的。总体感受因人而异吧，对于带着孩子的父母，我觉得整体评分 70，但如果你是冲着野营去的，应该可以有 90 分。

艾美酒店

Booking 闪电预定，4 小时后入住，880 元人民币一晚。位置在古城东面不远处，离湄萍河也很近，楼下就是闹市区清迈夜市，旁边汉堡王、麦当劳、星巴克俱全，早餐不愁。房间干净明亮也挺宽敞，基本相当于上海一千五百元左右一晚的水平。

豆果妈评分：位置 95 分，餐饮 95 分，房间 80 分，服务没怎么体验。

文华东方（现黛拉德威酒店）

酒店的大美和小趣，大伙儿请参考这两天连载的清迈游记。文华东方是以前的名字，现在改叫 Dhara Dhevi，星光女神。我是 12 月在 Booking 预定的，5500 元一晚，出发时再

看已经变成6800元一晚了。但有妈妈说淘宝上在非旺季会有付二住三的活动，3晚的价格才5000元不到，值得关注哦。

酒店在古城东北边，打个出租也就200泰铢，到机场250泰铢。但其实无所谓，因为进去了真不想再出来。

至于评分，我在booking上写的是10分（满分）。

我们订的是88平方米的殖民地套房，已经无可挑剔，很好奇200平方米带瀑布泳池的豪华别墅是什么样子，期待有去过的妈妈砸篇游记给我。

吃——12个餐厅

Ramrimna别墅餐厅

既是餐厅，也是大堂。面积不大，但对于一个只有4栋房子的郊外酒店来说已经足够，而且风景无敌。我们最喜欢的时光就是早晚坐在窗台边长长的沙发椅上，边吃边享受白鹭、清风、水牛、稻田、鸟语和花香组成的美好世界，还会有两只小猫来陪豆豆玩。

餐点是西式泰餐，非常好吃。价格每盘在二三十元人民币，性价比让人感动。早餐一般，其中中式的汤泡饭特别美味。

大象营餐厅

大象营的餐厅也是大堂和社交点，跟酒店一样的"山野"，脚下是峡谷溪流，不时有大象经过，还能看到大象洗澡、吹口琴。山里狗狗猫猫特别多，都会过来蹭食，这点很合娃的心意，可以逗玩半天。

食物不难吃，猪肉鸡肉都很有本来食材的香，但也不惊艳。价格也是二三十元人民币一盘。免费早餐属于凑合型，但可以单点汤面之类的，比较好吃。

艾美酒店餐厅

有好几个餐厅，但trip adviser上一楼泰餐厅的评分很高，尝了一下的确很不错。每道菜约250泰铢。

四季酒店泰餐厅

View 和 Taste 都堪称一流。我们是在附近的老虎王国游玩后去吃午饭的，点了一个套餐和几样小菜，套餐很独特很好吃。价格相当于上海中高档饭店，人均 170 元人民币。

文华东方皇宫泰餐厅

餐厅位于酒店的大门外。极度推荐，景观和菜式都比四季酒店更高一筹，虽然吃完也不能顺便逛酒店，但饭店本身的景观已经很美。我们吃了几顿，一家三口没超过 400 元人民币。

文华东方日本餐厅

露台上、星空下、草坪边，再加上远处皇家气派的尖顶建筑群做背景，算是我去过的景观最好的日本餐厅了。菜式味道也很独特，不知道是不是受了环境影响，觉得他们家的鱼生比有些所谓顶级的日式饭店好吃很多。这是我们在清迈最后一顿主餐，综合体验绝对第一。

Deck 1

位于湄萍河边，从艾美酒店步行过去也不远，古城过去打个突突车 100 泰铢。饭店的露台景观非常漂亮，所以菜的价位就有点高，基本每道菜都在 250 到 350 泰铢，但味道都不错，这种景观这个价钱，对于魔都人民来说还是很容易接受的。

昆茉餐厅

宁曼路上的一家人气餐馆，司机推荐的。价格很便宜，景观小清新，菜式很多样。无意中给豆豆点了个鸡蛋饭和炒丝瓜，小家伙全部吃光。芒果 smoothy 非常香甜。

天国烧日本餐厅

文华东方正门对面的餐厅。味道没得说，价格也很贵，一盘生鱼片要七百多元人民币。出于省钱考虑我们点了牛肉乌冬面，轻松打败我吃过的所有日料店的乌冬面啊，鳗鱼饭也可以满分。

亚洲国家的餐饮基本都适合孩子，泰国清迈这种旅游城市老外又多，吃得很好很干净。各种米饭、面条、菜汤……豆豆都爱。我则义无反顾爱上了冬阴功汤，每顿必点。最关键是便宜啊，吃香喝辣没负担。还有好喝的芒果汁和各种smoothy，每家饭店都有，每家都不差，完全不用担心孩子维生素摄入不足。

行——轻松愉快没压力

飞行

上海到清迈有东航的直飞往返，时间也都很好。可我们回程正好是春节假期，提前一个多月就没票了。于是决定到香港转几天再回上海。这样两段飞行都只有两个多小时，孩子很容易就打发了。去程飞行四个多小时，孩子有点闹，但因为买了一张商务舱，小朋友两头跑跑，也就熬过来了。考虑以后超过4小时的飞行都可以买一张商务舱。

当地交通

到达那天是叫出租车去酒店的，一个小时的路，花了600泰铢。后面三天包车，每天700元人民币。这个价格是有些贵的，但一方面我们的酒店太远，属于清迈郊区，另外我们找的是中文司机，买门票、找饭店、点餐时还可以当个翻译，临时改变行程也方便，所以还是选择包车。毕竟带着孩子，住在山谷里，自己开车可能连路都找不到，而且清迈的摩托车太多，速度也快，不是很安全。总之包车的体验还是不错的。

如果你只是在市区晃悠，不像我们那样还去山里的大象营折腾的话，出租车、突突车、双条车都可以，孩子大一点的话也可以租个小摩托车自己开了兜兜风。价格都很便宜。双条车我们没坐，应该就是当地的公共交通了吧。突突车是三轮小摩托，挺有意思的，一般也就一两百泰铢的费用。

行 走

　　这次我们没带推车。无限贴近自然山水的时候，孩子会把天性释放出来，更容易用手脚去丈量和触摸真实世界，3岁的豆豆不再说累，不再求抱，不再提坐推车。我觉得几次旅行中，豆豆这次的变化最大。像个小男子汉了，想要展现自己的能力了，对周围的感知能力更强了。

⑨ 其他——气温、着装、小费、摄影

清迈旅行旺季是从每年的 10 月到次年的 2 月。3 月到 6 月据说热得让人难以忍受,然后就是雨季一直持续到 10 月。我们春节去的时候只有每天午饭后气温会升到 32℃左右,太阳底下有点热,下午 4 点以后就非常舒服了,晚上在郊区只有 20 多度,微凉,睡觉不用开空调还要盖点薄被子。

所以在清迈白天就是夏天最热时候的短打,清晨和晚间是需要长袖卫衣的。我们在山上的那晚被冻得不行,庆幸是从冬天的上海飞过去的,还带着厚毛衣外套。另外,进寺庙要脱鞋,女生不可以穿无袖裙子。

走之前询问朋友说泰国是要给小费的,可到了清迈跟司机在外面吃饭时司机都说不用给小费。于是在外面的餐厅我们就都没给小费,因为的确也没接受到什么让人有印象的服务。但在各家酒店消费时我都给了小费,还有文华东方的管家,以及我们的中文司机,因为他们提供的服务的确很不错。另外我们有一个心思,就是也希望这些美丽旅游城市的人们生活富足,才会有热情和能力更好地接待我们这些游客。

娃游友

新加坡最佳放娃场指南

11 位妈妈联合推荐

- 娃 龄：2岁到7岁
- 目的地：新加坡
- 关键词：娱乐活动多 舒适便捷
- 景 点：裕廊飞禽公园 新加坡摩天观景轮 东海岸公园……

带孩子去过新加坡的爸妈们都说好，又近又暖和，地方不大，适合各年龄层孩子的娱乐活动却又多又集中；飞行时间也在娃的承受范围内，还有舒适便捷的城市背景和美丽的海岸，双旦加春节寒假这档口儿最适合带娃游新加坡了。这篇众筹的新加坡游记基本上囊括了新加坡最适合带孩子的"吃喝玩乐住"——感谢热心的娃游友妈妈们提供的真实信息和感受！看完，估计你就要忍不住订机票啦。

昊昊妈 家有6岁男宝

🚗 裕廊飞禽公园

　　裕廊飞禽公园位于新加坡市郊，人流比较少，但这里却是世界上最大的鸟雀公园，拥有近六百多种飞禽。进门就是蹒跚而行的企鹅，满池如火般的火烈鸟和因《里约大冒险》走红的金刚鹦鹉。在公园里可以感受热带雨林瀑布飞泻的场景，也可以坐下观看各种飞禽的精彩演出。

　　整个公园的演出以及和动物互动的机会非常多，入园时记得拿一张时刻表安排好行程。当然，最受欢迎的莫过于彩鹦谷，在这里小朋友可以捧着食物和鹦鹉有个亲密接触哦。

　　走累了或是新加坡午后的大雨拖住了你的脚步，和小鸟一起午餐是个不错的去处。性价比蛮高的，还有机会得到小鸟的画作呢。

新加坡摩天观景轮

　　围绕滨海湾有很多景点，最瞩目的应该就是新加坡摩天轮了，高达165米甚至超过了伦敦眼。因为新加坡的空气很好，能见度高，所以除了下雨天，什么时候都适合登上摩天轮。白天在这里可以俯瞰整个新加坡，晚上可以领略狮城的灿烂夜景。

　　离开摩天轮，楼下是有新加坡特色的路边摊食档，来点东南亚特色的小吃，充分融入新加坡人民的生活。吃完了还可以搭乘新加坡特色的水陆两栖车DUCK游览新加坡河。

东海岸公园

这是一个不出名但新加坡当地人很喜欢的景点。长长的海岸线有沙滩有树林，可以骑车、放风筝、挖沙子，也可以冲浪玩风帆。饿了可以烧烤，也可以找一家海鲜餐厅品尝美食。珍宝、无招牌、小红楼这里都有。

Eva Ko　家有7岁和4岁两个娃

🚗 海洋馆里的梦幻酒店房

"当时因为酒店在预定上出了差错，给了我们这间复式的套房做补偿，没想到这么美妙神奇！一楼房间有一面墙就是新加坡海洋馆的大玻璃，旁边还有个浴缸，一边洗澡一边看巨大的 Menta Ray 和各种鱼儿在身边的海底畅游，那种感觉简直像梦一样。7岁的姐姐和4岁的妹妹都乐翻了天，完全不愿意回家了，说想要天天都住在酒店里。瞧她们吃饭也全搬到了大玻璃前面。"

真正的"鱼景"房
海滨别墅属于 Equarius 酒店（逸濠），Ocean Suite 可以在 booking 上预定

🚗 水上探险乐园

"酒店还有边门直通水上探险乐园（Adventure Cove Waterpark），是大小孩子都能尽情戏水的好地方。如果孩子不到5岁（或1.22米以下），可以在水上探险乐园里的"儿童天地"里玩，里头的冲浪湾、灌水屋、海马游乐池都让姐妹两个欢腾得找不到北了。"

龙凤胎妈妈詹尼斯　家有30个月的双胞胎

🚗 一家叫 Coastes 的咖啡餐吧

这家咖啡简餐吧位于圣淘沙的 Siloso 海滩。饭店就建在海边的沙滩上，大人吃饭，孩子就在桌子旁边玩沙。饭店前面有一圈围起来的海，可以在里面游泳，旁边冲凉更衣都有。宝宝很自由，而且有树荫，有遮阳蓬，非常安全，有吃有喝有玩，很好打发时间。全是带孩子的家庭在那里吃饭。

姐弟在餐厅度过的欢乐周末

滨海湾花园（Gardens by the bay）里的 Children's garden

滨海湾花园本身就很大，很有看头和玩头，白天和晚上各有不同景致和玩法，可以一整天都耗在这里。里面有个为孩子设计的Chidren's garden，适合不同年龄的娃，从1岁到12岁，各取所需。那里有两个玩水的区域，一个是6岁以上能玩，一个专给1到5岁较小的宝宝。我们喜欢去那里玩水，旁边就是挖沙，淋浴冲洗设施都很好。还有个大树屋特别受孩子们欢迎，也有各种适合不同年龄孩子的小游乐设施，又是户外，阳光充足空气好。关键是——免费！

TIPS

带孩子在新加坡玩水特别要注意好防晒和防蚊。泳装最好是防晒服那种，新加坡的阳光很厉害，孩子疯玩起来一两小时，比基尼很容易晒伤。而且尽量去哪里都带着泳衣或替换的衣服，因为新加坡玩水的地方特多，很多商场里都有，爸妈们也可以趁孩子玩水时休息个把钟头。防蚊的话可以到这里的watson's买虎牌，有圆形给孩子贴的。

🚗 新加坡樟宜机场

新加坡机场很好玩，我们有时机场一日游。家里有一本书，《飞机场的一天》，两娃都反复看，然后就去飞机场看 control tower，坐小火车，穿梭于三个航站楼（有没有过关没关系，里外两条线），以及看如何办理 check-in。我家宝宝特别喜欢看行李托运，大叫"bye bye suitcase"。

樟宜机场经常有一些特别的节庆活动，每年圣诞节的活动都很宏大有趣。当时的主题是 Micky and Minnie，在 T3 航站楼离境大厅，有个非常漂亮的动画世界米奇城堡，下午一点开始有人造雪花秀。看几张网上的图片吧，很吸引人哦。

子高妈妈 家有 2 岁娃

🚗 滨海湾花园

强烈推荐新加坡的 Garden by the Bay！在短短两个小时里探索了其中的一个"Cloud Forest"，瀑布、空中步道、各种美丽的奇花异草，以及外面的巨树群，与周边景观呼应，一个个场景都震撼无比，让人发出"Wow！"的惊叹。下次一定要逛完所有地方，带着些许遗憾，才会更加憧憬下次的旅行！

🚗 海洋馆

新加坡 SEA 海洋馆的探险始于台风剧场，登上甲板，扬帆起航，360 度环绕式屏幕生动重现了一场惊心动魄的沉船经历。在飓风、海浪、暴雨等特效的推波助澜下，仿佛坠入了惊涛骇浪的漩涡中。打开舱门，我们来到了海洋世界的沉船生态区，长沉海底的残骸成为众多宝贵海洋生物的栖息归属。这个导览剧情设计得太有艺术感了，超赞！

沉船生态区

TIPS

1. 去 Singapore Zoo，如果没带推车，可以在园内借一辆 Carriage，可坐两个娃、拉行李、放平睡觉，虽然有些笨重，但是"娃喜欢得没商量"。
2. 公园里有四场动物表演，难度和水平跟国内的无法比，但互动强，场面壮观，最喜欢亚洲大象表演，还是一句话，"娃喜欢得没商量"。
3. 最后，建议给宝宝带上泳衣和毛巾，还有爸爸的，公园里有个戏水区，还是那句老话"娃喜欢没得商量"，哈哈！
4. 新加坡本岛之旅的序曲应该由 Duck Tour 开启。先认认新加坡各大名胜的"脸"（金沙酒店、摩天轮、鱼尾狮、榴莲文化艺术中心……），认了路就可方便安排接下来三天的行程。
5. 另外，建议身高超过1米的小朋友去办张 Child Transportation Card，7岁前凭此卡可以免费坐地铁等交通工具。

Jennifer Ge 家有两岁半的娃

环球影城《马达加斯加》板块

我女儿去新加坡的时候两岁半。很想推荐圣淘沙环球影城的"马达加斯加"板块。由于影城里的大部分游玩项目对小朋友身高有严格要求，能适合三周岁以下儿童的实在不多，更多的时候只能跟娃一起看露天 SHOW，芝麻街的露天 SHOW 很不错。

马达加斯加的旋转木马

SINGAPORE | 111

一望无际的屋顶平台
宝贝在平台的戏水池里撒野

🚗 Vivo City

  如果住在圣淘沙（Sentosa）的酒店，建议也可以抽空乘坐轻轨出岛，到对面的 Vivo City 逛一下。对于住店客人，隶属圣淘沙名胜世界的酒店可能会提供免费的乘车券，建议事先确认一下。

  Vivo City 是个大型的 shopping mall，有吃有玩，大食代、无招牌海鲜都值得一试。屋顶平台有一汪池水，随便踩踩也很舒服。记得给娃多带一套衣服哦。

陈 璐　家有 33 个月的娃

一起吃早餐的孔雀

🚗 CAPELLA SINGAPORE 酒店

　　由老建筑改建的奢侈酒店，精致、优雅。推荐至尊海景房，超级无敌大全景窗，view 一流，泡澡都能看夕阳。太赞！小朋友的浴袍、拖鞋、沐浴用品都有，aesop 的洗漱用品，free 的 mini bar，胶囊咖啡机随便用。

　　酒店的门厅算是三楼，有个中庭花园，散养的孔雀悠闲散步。早餐时，孔雀还会到餐厅来讨食，晨晨就会追孔雀着跑，边上的小松鼠也跟着跳上跳下。

　　酒店有去往沙滩的后门。一路上经过几个不同层次的游泳池，晨晨很喜欢，来回路过时都要泡一泡，连退房那天都要求延时，就为了泡池子。

　　服务非常好，很周到，还有代叫车、代预定餐厅，进出免费的冰镇矿泉水，在炎热的新加坡实在是太贴心了。

🚗 新发海鲜餐厅

　　说是餐厅其实更像是大排档，但海鲜品质绝对不比大酒店差，可能还更胜一筹。吃过这家，什么小红楼、long beach、无招牌统统甩一边。

　　推荐菜：

　　螃蟹炒米粉——斯里兰卡大螃蟹，要膏有膏要肉有肉，吃完还吮手指头；

　　清蒸老鼠斑——从没吃过那么鲜嫩的老鼠斑，把葱的美味发挥到极致，即去了鱼腥，又不夺鱼鲜之味，最后连葱都一扫而光；

　　贡贡——是一种海螺，螺肉 Q 弹滑爽，完全停不下来。注意：螺肉口上有一个小刀似的硬壳，吃的时候要先拉出来。其他的还有虾啊、扇贝啊等等都很好吃，我觉得，如果有足够多的人话，就全部点一遍吧。哈哈哈！

喂长颈鹿

动物园里的儿童水上乐园

🚗 日间动物园

地方虽小，但是品种不少，而且小朋友基本都能近距离观察，这点非常好。园内还有很多小朋友和动物亲密接触的项目，建议提早到达项目点排队，参与人数都是有限的，我们差点就没喂到长颈鹿。骑大象也是，等时间到了再去买票，票早就售完了，建议先买票，到时间直接排队骑就可以了。园内还有shuttle bus，有小朋友的可以直接坐车逛一圈，到感兴趣的点直接下车。

最有意思的是动物园里有个儿童水上乐园。你知道在炎热的天气里逛了一大圈时，看到清凉的水是多么舒服的感觉。建议大人小孩都带好泳装，小孩玩，大人就在水上乐园的kfc里解决午饭，大人小孩都爽歪歪。

Sims Ave

去新加坡不吃榴莲怎么行！！这条街就在螃蟹米粉边上，都是卖水果榴莲的，最著名的就是旺得福了！吃完正餐散散步，顺便买点榴莲当甜品。

Helena Ren 家有4岁娃

圣淘沙香格里拉度假村

热带酒店风格，户外游泳池有专门的儿童戏水区，有水滑梯等。早餐丰富，还有专门独立的baby和kids zone，baby zone的冰柜里有果泥和蔬菜泥。孔雀、大蜥蜴在身边走来走去的感觉非常棒。酒店也有自己的沙滩，虽然水质沙质一般，但孩子仍可以尽情玩沙打发时间。

周 莹

我没带孩子去过，但我以前在新加坡工作。推荐sentosa上面的环球影城universal studio，适合年龄偏大一点的孩子。

Echo 家有6岁娃

2012年暑假去的，男宝当时6岁。推荐鸟园、动物园，因为他热爱各种动物、鸟类，动物园里还有玩水项目。推荐圣淘沙一日套餐，里面有蝴蝶园、海洋博物馆、高塔、缆车、滑轮车、3D、4D电影，他都很喜欢。如果住在圣淘沙，晚上可以去VIVO美食城，那里有室外儿童乐园。还推荐滨海区的老饕露天美食广场吃海鲜，金沙酒店可以住一晚，玩无边泳池，早餐非常丰富，地下庞大的mall吃的玩的应有尽有。

Winnie 家有爱女 5 岁半

推荐夜间动物园，晚上看动物坐小火车，理由不用说了！滨海湾花园、瀑布、珍贵的植物都让孩子很兴奋，充满好奇！candilicious 更适合女孩子，在糖果的世界里不想出来！环球影城更适合男孩子，里面一些稍显刺激的 4D 电影，水世界表演都很过瘾。酒店推荐乌节路的喜来登，方便，早餐好。

Xie Jing 家有 5 岁娃

那是中班升大班的暑假时间，我们去了圣淘沙岛，入住瑞享文化酒店（因为定晚了，节庆酒店已经无房，但后来发现瑞享文化酒店也不错，门口就是捷运（地铁）站，出入很方便，岛内捷运免费）。推荐日程 2 到 3 天；原因：岛内有小朋友最喜欢的环球影城、水族馆，还有卡丁车一样的赛道，离各个景点都不远，累了也可以去酒店休息，晚上继续闲逛，风景美、景点多、悠闲又轻松……

TIPS 新加坡放娃

1. 圣淘沙上酒店多，亲子程度高，适合孩子的游玩点丰富，不妨住几天。
2. 新加坡动物园，带娃必游。其中的戏水池超赞，绝对是孩子们的天堂。
3. 环球影城适合大一点的孩子。
4. 市区推荐住金沙，旁边的滨海湾花园是个大景点，白天晚上都有得玩，妈妈们都超级推荐。
5. 防晒、防蚊非常重要。外出随身携带防晒泳衣或替换衣服，便于孩子们随时玩水。

本文由豆果妈整理而成

END

豆果妈

我认识的所有"牛妈"中，本文作者 Hillary 的教育方法和态度是最令我欣赏的。她家的妹妹前两天也考入了"挺满意"的小学，和哥哥同校；她总是带着孩子们上山、入海、下地、进城各种旅行；她是摄影师、手工达人、记录和分享的高手，把自己的能力和爱好完美地融入到对孩子的教育中；最重要的是，她不焦虑、不强求也不刻意，淡然地遵守着"让自己和他们都开心"的准则，培养出了两个优秀并快乐的孩子。

如果你对她"玩并学习着"的价值观和方法感兴趣，请先跟着她的足迹走一回普吉岛，看看她怎样诠释"快乐娃游"。

Hillary

PHUKET ISLAND

普吉岛

最美最欢亲子游记，没有之一！

- 目的地：普吉岛
- 人　员：三个家庭
- 关键词：跳岛游 普吉万豪
- 行程：7天6晚

至今，那还是一次让我们全家大小都回味无穷的海岛悠游。

大部分同学对普吉的评价是人多杂乱。相比之下，我们那次因为"跳岛游"和普吉万豪的度假套餐，感受非常不同。"跳岛"不是岛名，而是坐船在几个岛之间穿梭游玩的简称，这种玩法对孩子们来说太新鲜有趣了！

前半程我们住在PHIPHI岛（PP岛）玩跳岛游，后半程则"定居"普吉万豪，它的舒适、周到、美好，更是让这次旅行笼上了一层天堂般的色彩，以至于孩子们每次看照片，都会强烈要求"再去一次！"。

包船一日跳岛游

这次出游是三家人一起，孩子们有了伙伴，费用有人分摊，一切更完美。跳岛游是从PP岛包船出发，依次玩"蚊子岛"、"竹子岛"和"MAHYA BAY"，算下来每家才平摊到八百多泰铢，实在太划算了。

蚊子岛 Koh Young

第一站船老大带我们去蚊子岛，那里没什么沙滩，是一处浮潜的好地方。长尾船船老大都会带着喂鱼的面包，他们也有浮潜设备，不过如果为了卫生干净，可以自己带一套过去。

下船，大部分同学们都下海浮潜了，伊伊兴奋地在沙滩上玩，爸爸抱起她劝说她尝试她的浮潜初体验。

这些是 SONY 小 DC 拍的了，伊伊胆子不小，在船老大耐心的保护下，开始尝试她的第一次浮潜，其实我们好像都是第一次浮潜呢。

我们的 SONY TX10 可以水下拍，立下了汗马功劳。

浮潜了好一阵子，上船告别蚊子岛，准备奔赴下一个岛屿，著名的竹子岛。

沙滩上尽情玩耍的孩子们

竹子岛 Ko Phae

　　PP岛出发跳岛游的话，竹子岛是必须去的重头戏，真心的水清沙幼。竹子岛比较大，沙滩细滑，美景无边。

　　竹子岛上走一圈，有一个餐饮小亭子在售炒饭热狗，可以给孩子们在这里把午餐迅速解决。

　　午餐之后，还有绿草地让结伴出行的小姐妹劈情操。

　　当然，还要赶紧走过草地重回大海沙滩的怀抱。

MAHYA BAY

这里因为当年电影《海滩》在此取景而名声大噪，位于小 PP 岛，我们从竹子岛出发再去 MAHYA BAY 行程也不短，而且下午风浪大，船老大觉得靠过去上岛有些风险，就把船停在离开玛雅湾有一段距离的海面上。

因为离岸边比较远，这里鱼更多，不用跳下去浮潜，坐在船上就能看到成群的小鱼围着我们的船舷游，两个姑娘就坐在船上喂鱼，哥哥和爸爸们兴奋地跳下海浮潜去了，这里在海中间，对体力要求更高，哥哥又是游泳又是浮潜开心极了。

在泰国，如果想玩海岛，这样的跳岛游性价比极高，尤其是几家人一起出行，包船实在太划算了。去普吉，推荐去 PP 岛；去 PP 岛，就为了跳岛游。我们在 PP 岛住两晚也是为了有一个整天可以好好享受下跳岛游的美好。

从 PP 岛到普吉万豪

在 PP 岛的第三天我们已经定好了下午回普吉岛的大船船票。坐大船好像要将近 3 个小时到达普吉码头，在那里有约好的车接我们去万豪酒店。

万豪酒店在攀牙府，距离码头有一个多小时车程，一路上都是停停歇歇的雨。10 月，还是普吉的雨季。夜色降临之后终于到了普吉 JW 万豪。

到达灯火辉煌的酒店大堂，欢迎饮料和热情的服务让我们都很喜欢，妹妹精神抖擞非常开心。

可怜的哥哥从中午开始腹泻，到了普吉还是万分难受，突发的状况也让我捕捉到这样旅途中的小幸福。看到哥哥难受的样子，妹妹一直蹲在哥哥身边安慰哥哥，希望哥哥快点好起来。

当晚去酒店放下行李，确认酒店有免费 WIFI。房间很大，酒店的服务员及时

把我们的沙发铺成小床给哥哥用，洗手间也很大，双台盆，考虑周到。

到了晚饭时间。我之前做过攻略，知道沙滩上有小竹楼大排档，当时黑漆漆的，摸索着去了，果然很赞。价格低廉，位置就在酒店沙滩的两边，完全不用走出酒店，后面几天的晚餐也都这样高性价比地解决，绝对为万豪加分啊！

哥哥尽管肚子疼，还是吃了芒果糯米饭并且爱上了。接着就又让我们遇到了一个多小时都不停的暴雨，最后是拖着俩娃——一个小、一个在生病，冒雨摸黑跑回酒店的。

这样温暖的镜头永远是我们旅途中最爱的画面

普吉万豪的天堂日子

万豪的悠闲度假，在第二天拉开窗帘看到蓝天白云的那一刻，正式开始了。在万豪的日子，我们过得相当有规律，带着孩子，就这样规律地享受吧，纯度假。每天都是起床之后去尽情享受丰盛的早餐，早餐吃好走出去就是这样的栈道直通海边。

普吉岛 JW 万豪

　　五星级，酒店很大，东南亚园林特色，最大亮点是环整个酒店的环形泳池，游一圈下来会很累很累，相当锻炼。早餐一流，酒店早餐厅出去就是海滩。SPA 很舒服，总之是一个让人泡上几天都不想走的酒店。在 travel zoo 搞活动的时候买套餐绝对超值。每晚价格居然不到 600 元人民币，包含双早和双人 SPA 一次，太超值了。

　　如果能加多一点钱订到一楼的泳池房就更赞了，从自家阳台可以直接跃入泳池。

　　早餐之后去海滩上小溜达一圈。

　　之后回房间，孩子们换上泳装，涂好防晒霜，奔赴酒店的泳池，除了环酒店的环形泳池，酒店泳池还有靠近早餐厅的无边泳池望向大海，儿童区还有水滑梯和各种孩子的游乐设施。

　　游泳的时候我们又用了可以水下拍的小相机。

　　游到中午过后精疲力尽了，孩子们回房吃点小餐点开始香甜午睡也躲过午后最烈的阳光。

　　傍晚时分，再叫他们起来，去海滩、等落日、看火烧云，退潮了，沙滩有一丝风凉，让孩子们玩沙玩水不亦乐乎。

　　然后就又到了我们去海滩竹楼享受泰国大餐的时候了。

每一个夜，我们满足地享用晚餐之后，迎着夜风走回酒店，心旷神怡。而夜晚的酒店也总会给我们一点点小惊喜

普吉娃游

☀ 交 通

国庆假期出游，机票在黄金周也是不便宜的，所以要提前半年预定。我们定到港龙由香港中转的航班，需要在香港住一晚第二天一早的飞机飞普吉，然后直接去 phiphi 岛。phiphi 岛跳岛游，玩够再回普吉岛。从 PP 岛去普吉的大船每天下午有两班，码头距离各个 Villa 都不远。

☀ PHIPHI 岛住宿

我们住的是 Banyan Villa。PP 岛的住宿大部分是这种 villa，比较小，硬件一般服务也一般。Banyan Villa 的优势是门口就是通赛湾海鲜大排档，早餐也是在那个位置吃，餐食一般，不过环境不错，就在沙滩上守着大海吃早餐。距离码头走路也就 5 到 10 分钟吧。当时价格大概是六百元人民币左右，当天傍晚抵达通赛湾 Ton Sai Bay，下船走几步就是酒店。

☀ 洗 衣

PP 岛上潜水俱乐部很多，还有洗衣店。洗衣店洗衣服很便宜，几十块人民币洗两大包衣服。衣服洗好香香的，我至今记得那个味道。

☀ 骑大象

离开普吉之前，我们还抽出了半天的时间带孩子们去体验了一下骑大象。在万豪晚饭的竹楼餐厅就可以预定，我们约了半程，骑的过程也就是一个多小时。孩子们的反馈是，体验一次就够了，有意思，但是太晒了，有些怕，还有些颠簸，哥哥还嫌弃说，大象的大粪太臭了。但是对于第一次去泰国的孩子们来说，安排一次大象体验还是很值得的，第一次这么近距离地接触这么多庞然大物，骑大象、喂大象，种种第一次都值得回忆。

☀ 应急药品

离开 PHIPHI 岛的时候我家哥哥和另外一家的大哥哥腹泻不止，非常不舒服地到了普吉，好在当晚吃了药就有好转，第二天就好了，可以继续享受假期。常用药一定要带着，去海岛，尤其要记得带上肠胃药哦。

就这样，我们为孩子特别安排了PHIPHI岛（跳岛游）+普吉岛游，7天6晚，有动有静，经历了跳岛出行的美景和浮潜体验，又享受了万豪酒店的天堂假期。

俞波波

BALI

带着多拉走世界

巴厘岛之努沙杜瓦·金芭兰·乌布

·目的地：努沙杜瓦、金芭兰、乌布
·美食：BebekBengil KendiKuning Restaurant Rock Bar……
·关键词：亲子游避寒胜地

玩厌了三亚、普吉的朋友让我推荐海边目的地，巴厘岛总在我的Top3，特别是冬季，绝对是亲子游的避寒胜地，不过最好避开圣诞节和新年，因为是当地的雨季。

努沙杜瓦

这里好比是巴厘岛的三亚，位于巴厘岛的东南边，汇集了巴厘岛最集中的五星级酒店度假村，进入这个区域都要经过安检，也是没有什么巴厘岛特色的地方。如果只想带孩子住拥有私家海滩的五星级酒店，让孩子游泳玩沙，享受酒店的儿童游乐场所、各种课程，甚至托管服务，那么这里再合适不过了，完全不用踏出酒店，就可以轻松和孩子们共度美好假期，父母也会相对轻松。

住宿

经过实地考察，从私家海滩和公共区域看，推荐以下酒店：St.Regis、Mulia、Grand Hyatt、Club Med 和 Ayodya，房间内部设施需要预定时看看评论哦！我们住在 Westin，感觉一般。

美食

这里的酒店都提供海滩浪漫烛光晚餐,如果想带着孩子来个浪漫家庭晚餐,可以提早预定。脚下就是沙滩,孩子们绝对不会无聊,放他们去玩沙,就变成父母的双人浪漫晚餐了,也不错呢!

BebekBengil

著名脏鸭餐在 Nusa Dua 的分号,在 Bali Collection 里,很多酒店可以沿海滩步行过去。别以为叫脏鸭餐就是卫生条件不好的小餐厅哦,其实是环境很特别很优雅的餐厅。院子里一个个独立的帐篷式区域,幽静天然。菜式多样,当然,出名的是以鸭为食材原料的菜品,最出名的是"炸"的菜品,不适合吃油炸食物的孩子可以选择鸭汤,也很美味。餐厅是片草地院子,孩子随时可以下去玩沙。

KendiKuning Restaurant

海滩上的餐馆,离 Club Med 很近,从很多近的酒店都可以沿海滩散步过去,总能选到他们爱吃的。对孩子来说,在沙滩玩沙是常事,面对大海吃饭,也许是新鲜事儿。

> **TIPS**
> 巴厘岛的水果很美味,比如山竹。但在这里给孩子点果汁,一定要多叮嘱一句 no sugar,否则餐厅一般会在鲜榨果汁里加糖,那样对孩子来说就太甜了!

金巴兰

　　金巴兰以海滩和日落而出名。这里的海滩似乎好过努沙杜瓦，不过带孩子来看号称世界十大日落之一的金巴兰日落，要准备接受孩子一个又一个的"为什么"哦！在金巴兰海滩看日落吃海鲜大餐是不可错过的。沙子是孩子们永远玩不腻的玩具，记得帮他们多带一套衣服，以免玩得太开心弄湿弄脏了衣服。晚上，沙滩上还会出现卖小玩意儿的摊贩，比如会亮闪的球，孩子们一般对此无法免疫，记得要杀价哦！这里要着重推荐一下离金巴兰不远的Ayana酒店，虽然有人抱怨说这里的国人太多，但考虑其内部设施和环境，还是值得推荐。这里有一家著名的坐落在海边悬崖上的Rock Bar，号称世界十大酒吧之一，需要坐只能容纳几个人的小电梯上下。

金芭兰的日落。海滩边有连着的多家餐厅，菜式都差不多，海鲜烧烤居多

我们此行没有住 Ayana，但是去那儿玩了一个下午，著名的悬崖餐厅 Rock Bar 每天下午四点左右才开，电梯一次只能运 5 个人左右，我们仗着妞儿的颜值下去参观了一把

TIPS

金芭兰附近的景点

　　UluwatuTemple，坐落在海边的庙。庙本身没有什么看头，悬崖上的海岸线风景更好看，还有那儿随处可见的"逗比"猴子，见东西就抢，亲眼见到猴子掰坏了一个女生的墨镜，然后眼镜哥眼镜姐们马上都摘掉了眼镜。这里不要让孩子背包或者在口袋里放东西，以免猴子抢的时候吓坏孩子。

乌 布

　　乌布很不同，有各种特色各异的精品酒店，有淳朴天然的农田村庄，有设计师艺术家小店，有古建筑皇宫寺庙，有不愿离开的外来者开的各种餐厅。无论对大人还是孩子来说，这里都有多样化的体验，充满着乐趣。

徒步梯田

乌布周围山林环保，Tegalalang 梯田在一路地势走高的山林间，梯田间有可以一直向上走的田间小路，和孩子一起徒步其中，会路过用竹筒做的原始的灌溉系统，可以教会他们什么是水稻。他们也许还会问"为什么田要像阶梯一样层层叠叠？"等十万个为什么，爸爸妈妈们还真得事先做一下功课。只是乌布的晴天太阳很晒，要给孩子们带帽子哦……

梯田入口处有餐厅，占据很好的位置，坐在那里吃饭，对着无敌的梯田景观。餐厅里能找到适合孩子吃的食物，比如炒面、炒饭、三明治等。

烹饪课程

这里有很多烹饪课程可以参加。好的课程不仅教会你做几道当地菜，还会让你从他们的饮食习惯中了解到当地人的生活和文化，比如我们参加的 Paon Bali Cooking Class（大概 30 美金一次）。半天的体验，从我们集合到达菜市场开始，介绍当地食物、水果后，开车到主人家附近的田野，认识当地的水稻，然后到达主人家开始烹饪课程。这位女主人的烹饪课非常系统、有条理，选择了十道左右有代表性的当地菜，烤串、汤、炖菜、蔬菜等。我们有选择地体验了每个步骤，其余由她的助手准备和帮助，午餐当然是我们自己做的饭菜。稍大一点的孩子能享受到整个过程，对他们来说，烹饪是更特殊的体验，不再是过家家，是真正地做饭哦，尤其是吃自己做的菜，太香啦！

Spa

在这里做 Spa，也要回归大自然。所以我们没选酒店里的 Spa，而是来了最有特色的 Karsa Spa。它坐落在一片梯田中，边做 Spa 边感受鸟语花香，听着虫蛙的鸣叫。父母可以轮番做，轮番带娃在田里玩。Karsa Spa 还可以和徒步 Campuhan 山脊以及看日落连在一起安排，强烈推荐，不过记得一定要至少提前 2 天预订，这里的生意实在太好。其他口碑不错的 Spa 还有 Putri Bali Spa、SANg Spa、Jaens Spa Ubud 和 Shangri-La Spa。

住宿

从青年旅社到上千美金的豪华酒店，乌布有太多的住宿选择，而且丰俭由人。但对于亲子游，我更推荐 kids friendly 的精品酒店，比如我们这次入住三天的 Maya Ubud Resort and Spa。它离乌布市中心大约十分钟车程，酒店位列全世界最有特色的 150 家酒店之一，沿着河谷而建。最有特点的是两个对着山谷的无边泳池和在幽静小溪边的 Spa。晚上还安排了有当地舞蹈表演的自助餐。这家酒

店的房间都像是建在山里的小房子，与自然浑然一体，却又有很完善的设施。在乌布选择酒店，建议留意是否有好的游泳池，孩子们都喜欢水，游泳池是他们最好的游乐园，不过防晒霜和帽子一定要准备。另一个要考虑的是酒店的地点，很多有特色的酒店离乌布中心都有些距离，进出需要打车或者坐班车。

美 食

在这里，建议去受欢迎的餐厅吃饭都要提前订座。基本在这里都能找到孩子能吃的食物，虽然选择可能不多，当地菜的主食基本就是米饭炒面，但有很多西餐可以选择，比如意大利面，一般孩子都能接受。

推 荐

烤乳猪——Warung Ibu Oka，就在乌布皇宫旁边，性价比超高
脏鸭餐——Bebek Bengil，十几个小时烤出来的很脆的鸭子，不容错过的巴厘岛特色，这家是最出名的，在Nusa Dua的Bali Collection里面也有一家分店
性价比不错且味道好的餐馆——Melting Wok Warung、Fair Warung Bale、Kebun Bistro、Murni's Warung和Putu's Wild Ginger
环境不错的喝一杯的地方——Café Lotus和Three Monkey
甜品——Gelato Secrets、Frozen Yogi（自助冰冻酸奶）、Café Wayan & Bakery（罪恶巧克力蛋糕最出名）

🚗 舞蹈表演

通常乌布有三种舞蹈表演可以看：Kecak、Legong 和 Barong。镇上晚上有很多演出场地，其中以下比较出名：Kecak Fire & Trance Dance、Legong and Barong Waksirsa Dance。还有些餐馆晚上有舞蹈表演，比如 Laka Leke Restaurant 和 Café Lotus。从舞蹈了解当地的传说故事和生活，对孩子们来说是种不错的方式。我们住的酒店晚上可以边用餐边看表演，本来以为多拉会害怕演员的装扮，没想到她看得津津有味，在出现自己无法了解的故事情节时还一直问为什么。

其他景点

乌布的市中心也有不少可以逛的地方，比如乌布皇宫、乌布市场、猴子森林等。比较受欢迎的活动还有去往北边的 Petulu 看傍晚 6 点苍鹭和白鹭聚集的线路。

END

童画

♥ 俞波波

SYDNEY
带着多拉走世界

澳大利亚：去悉尼过夏天的圣诞

- 目的地：悉尼
- 娃　龄：2岁3个月
- 关键词：冬夏相反 圣诞节

　　打算带两岁三个月的多拉去澳大利亚前，我们也小小犹豫过一下，毕竟是长途飞机加时差，但事实证明并没有什么问题。澳大利亚自然与人文结合，我们的冬季到了那里就是夏季，在阳光灿烂的夏日过圣诞和新年，对孩子来说是很有趣的体验哦！悉尼更是有许多水上乐园，是孩子们的最爱。

I'm Free Tour

　　想在短时间里大概了解悉尼市区，参加 Free Tour 是个可信赖的选择。它会选择有代表性的商场、公园、纪念碑、著名建筑等，有些隐匿在巷子里，自己很难逛到。带小娃的话就需要推车，但要做好思想准备，有些地方会上上下下。带着小娃就不必每个景点都跟到，可以问导游一会儿从哪里出来，在出口处等大家。重点是听导游的讲解，了解一些城市著名景点背后的有趣故事。节奏较快，不要指望有购物的时间哦！

　　虽然这里正值夏天，没有漫天雪花，但圣诞气氛还是随处可以感受到，街道上、商店里，尤其是在 Darling Harbor。年轻人们为了夜晚降临后的狂欢装扮，黄昏时候就成群地在街上玩耍。多拉只见过穿着棉衣的圣诞老人，见到这短裤短袖的圣诞老人们，就很好奇。"妈妈，圣诞老人怎么穿着短裤呢？""这是圣诞老人的夏装啊！"

多拉是最小的 Free Tour 成员

吃海鲜大餐过平安夜

　　悉尼市区的海鲜市场，在圣诞节前夜尤其热闹，当地人都是当天去采购最新鲜的海鲜。市场里的海鲜种类不多，但绝对都非常新鲜，没到关门时间就卖得差不多了。我们为了在住处准备一顿海鲜大餐过平安夜，也去采购了一把。多拉看到成堆的虾都傻眼了，哈哈！顺便说一句，生蚝真好吃！我们还去亚洲餐厅打包了米饭和饼给娃吃。

🚗 悉尼歌剧院

悉尼歌剧院,这从小在挂历上看到的世界著名景点就在眼前了,绕着海走,总是能看到它,哈哈哈哈!多拉并不能理解这些,但是因为我们进入歌剧院参加了Tour,所以她对这里也印象深刻。

我们参加了半小时的解说Tour,可以参观悉尼歌剧院内部,但不允许拍照。各个厅里常常有剧团在彩排,我们去的时候恰巧没有合适的演出排期,有些遗憾。建议带3岁以上孩子的爸爸妈妈可以预先在歌剧院的网站查询,选一场儿童剧,进入演出厅感受下。

歌剧院门口海边沿路可以带娃随便逛逛,喂喂鸽子,看看街头艺人

悉尼大桥（Harbour Bridge），可以参加专门的Tour走上悉尼大桥，俯瞰悉尼

🚗 坐ferry去Taronga Zoo

动物园一定是娃们最爱的目的地之一，这里最受欢迎的当然是考拉。但如果你在路边遇到考拉，可不能让娃随便去摸哦，澳洲很多地区的法律规定人是不能接触考拉的。

🚗 住 宿

我们住在Meriton Serviced Apartments，定的是studio，这种带厨房的公寓式酒店很适合带着小娃的家庭，烧水泡奶、做个简单的辅食都非常方便。提前久一些定价格更好哦……

END

关于悉尼

交通

悉尼机场到市区距离不太远，打车到我们住的酒店（靠近 Central Stations）大约 40 澳币，机场快轨（AirportLink）17 澳币一人，酒店的 Shuttle Bus 大概 15 澳币。

悉尼的公共交通工具有巴士、地铁、轻轨、轮渡。如果就在悉尼 downtown 活动基本靠走。在南北向的主要干道上有免费穿梭巴士 555 路。

住宿

强烈推荐 Meriton Serviced Apartments。这家连锁在悉尼、黄金海岸、布里斯班都有多处酒店式公寓。在悉尼有九家分号在 Tripadvisor（以下简称 TA）上都排名靠前，离市中心近的有 World Tower、Pitt Street、Kent Street、Campbell Street。我们提前订了 Campbell Street 的 Studio，135 澳币 / 晚，房间里可以做饭，有洗衣烘干机，楼里还有健身房和游泳池。另外三家位置应该更好，一定要提前预定，否则价格会高很多。

吃

悉尼是个移民城市，全球各地菜系都有不错的选择。我主要是考虑 TA 上的评论进行的选择，以下是感觉还不错的：

Fish at the Rocks (Seafood): 29 Kent St（吃海鲜的餐厅，有意大利面可供孩子食用）

Cafe Sydney (Western food): 5th Floor, CustomsHouse | 31 Alfred Street Circular Quay（西餐）

ARIA Restaurant (Western food): 1 Macquarie St., East Circular Quay

Mamak (Malaysian food): 15 Goulburn Street（中国城附近的马来西亚菜，生意巨好，地方很小，经常要排队）

Pancake on the Rocks (Pancake): 4 Hickson Road |The Rocks（这家的 pancake 很好吃）
Longrain (Thai food): 85 Commonwealth St. Thai Food（那附近是泰国城，生意很好，但我觉得味道和它的 popular 程度不成正比）
水井坊（川菜）：中国城内（国外的川菜都差不多，味道尚可）

玩

时间有限只玩主要景点的话，三天比较合适，两天在市区，一天去海滩或蓝山国家公园。

第一天下午：Sydney Downtown（几乎所有中国飞悉尼的航班都是上午到，酒店住下后第一天可以用于游玩的也就只有半天了），可以参加 I'm Free Tour，每天 10:30 和 14:30 两次，持续 3 小时，无固定门票，自愿给带领人小费。

第二天：Art Gallery of NSW—Royal Botanic Garden—Sydney Opera House—The Rocks (Lunch)—Pylon Lookout—Fish Market—Darling Harbor

早起去 Royal Botanic Garden，在 Mrs. Macquarie's Point 看悉尼歌剧院和悉尼大桥，然后顺着沿海的步道往悉尼歌剧院走。

参观悉尼歌剧院时，我们报了半个小时的中文游览团进歌剧院里面参观，意义不大，建议提前订场悉尼歌剧院的演出，预订时一定要订在 concert hall 里面的演出。

游览 The Rocks 并午饭后，登悉尼大桥的 Pylon Lookout 俯瞰悉尼湾，成人门票 13 澳元，开放时间 10:00~21:00。也可以真正沿着桥拱登上大桥顶，不过价格不菲（245 澳元）。

之后回到 Circular Quay 乘巴士去 Fish Market，这里的海鲜并不太便宜，但是非常新鲜，住公寓的朋友可以采购回家做海鲜大餐，这儿的生蚝好吃也不贵，非常推荐！

从 Fish Market 走到 Darling Harbor 游览。

第三天：悉尼海滩或蓝山公园（也可以多呆一天两个景点都去）

悉尼的海滩非常不错，在全世界的大城市中有离市区这么近的、好的海滩也不多见。根据 TA 的评价以下路线不错: Bondi to Coogee Beach Coastal Walk, ManlyScenic Walkway（乘 Manly Ferry 去）和 Watson's Bay。

网址：
http://www.sydneyoperahouse.com/homepage.aspx

蓝山国家公园：世界自然遗产蓝山公园在悉尼以西 100 公里。中央车站 12、13 号月台乘火车 Blue Mountain Line（一天 11 班，往返 20 澳元），2 小时到 Katoomba。出站后 50 米乘 Blue MountainTrolley Tours 的观光车。主要景点：Golden Falls,Leura Cascades, Echo Point, Scenic World, Skyway Station（可坐缆车），Katoomba Falls。

带小孩的朋友可以考虑去我们去过的 Taronga Zoo。动物园位于 Mosman 的山上，游览动物园的同时可以看到悉尼港和歌剧院，号称全世界风景最好的动物园之一。在 Circular Quay 乘 ferry 去，可以购买 comb pass。

悉尼有更多孩子适合的去处

Darling Harbour 周围有一个 Darling Quarter，在 IMAX 电影院附近。所有的孩子都喜欢玩水，这里真是他们的天堂。这里可能更适合稍大一些的孩子，可以自己用戏水系统控制水的流向和涨落，还有喷泉戏水区也超棒。当然，这里也有滑梯、秋千、平衡索道等。

如果想去更炫酷的水上乐园，那无疑是 Wet'n'wild，这里大概可以玩上好几天，因为它被誉为是世界上最大的水上乐园，四十多个滑道和景点，太过瘾！

Fish at The Rocks，海鲜食材新鲜，这道鱼有些泰式口味。

俞波波

PORT DOUGLAS

带着多拉走世界

道格拉斯港

- 目的地：道格拉斯港
- 娃 龄：2岁3个月
- 关键词：大堡礁

　　澳大利亚之行，有太多值得留恋的目的地，但多拉显然最爱凯恩斯。这当然是因为那蓝天碧海，还有青葱森林，以及由这一切带来的独特体验。对于孩子来说，每一天、每一段经历都不可复制，留下的好奇、兴奋、喜悦、恐惧，任何一种表情都是值得的成长经历。

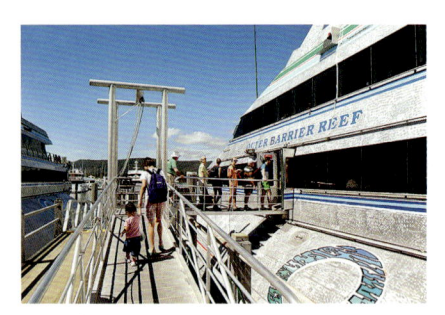

基本上飞到凯恩斯都是来看大堡礁的，具体目的地有凯恩斯、道格拉斯港和汉密尔顿。汉密尔顿是最高大上的目的地，价格也最贵。我们选择了凯恩斯北面的道格拉斯港（Port Douglas）。这是一个比较悠闲的小镇，没有凯恩斯那么商业化，离外堡礁和DantreeNationalPark都比较近。大堡礁和Dantree NationalPark 也是这里最值得去的两个目的地。

珊瑚礁游艇之旅

去大堡礁需要跟团在码头坐游艇出海，坐两三个小时到外堡礁。在trip advisor 中根据排名可以查到口碑比较好的tour，我们选择了适合带孩子的规模大、评价稳定的Quicksilver，因为它在外堡礁有一个巨大的平台，可以提供直升机、

一日游开始的地方

从天上看这片海

上飞机咯！对小朋友来说唯一的问题是噪音比较大，还好有小号的耳罩

从平台上坐小船到旁边的直升机停机坪

那块白白的就是船停靠的平台

坐潜水艇从水下看这片海,感觉周围是巨大的水族馆

潜艇等活动。开始的时候也担心直升机太吵,不适合多拉,但戴上提供的耳机噪音降低了很多,多拉完全没有排斥。事实上,想要感受大堡礁的美只能坐直升机,只有在空中才能充分领略这一世界自然奇观的魅力,159澳元的价格不便宜但是很值得。其他的游艇路线还有日落路线和小岛+浮潜路线,但优先排序应该在大堡礁路线之后。

Dantree National Park

　　我们参加了 TA 上口碑不错的 DantreeWonderTour 的一日团,从早上 7 点到下午 5 点半,安排得很紧凑,行程包括 Mossman Gorge、Cape Tribulation、Alexander Lookout、DantreeIceCream、Dantree River Cruise 看鳄鱼等多个景点,午饭在 On The Turp 餐厅吃饭,吃完还可以在小河里游泳玩水。多拉无疑又成了最小的团员,但是她很开心,团里的帅哥叔叔美女阿姨都会逗她玩儿。当然,如果在凯恩斯机场租车的朋友只要稍作些功课完全可以自驾游玩这一路。

PORT DOUGLAS | 151

　　Dantree National Park 一日游，先去了热带雨林，导游会讲解各种雨林植物，多拉听不明白，但孩子总是天然地喜爱大自然，如果是大一点的孩子，这就是一堂最生动的自然课吧。

　　一日游中有一站是坐船去看鳄鱼，但距离较远，大人看起来都比较费劲，年龄小的孩子基本很难看到。

植物也会保护自己，长成这一副被咬烂的样子

海滩边找个树林，摊块布，迅速摆桌，就吃上了点心

依附在大树外盘旋生长的植物，大树死了，它还活着

考眼力，看到鳄鱼没？

酒店外面的海滩，没有细沙，只适合随便逛逛，看看海，有很多被水冲上来的海草，并不是很干净

在酒店游泳、玩沙

🚗 住宿

　　道格拉斯港没有太多大的Resort，而且和凯恩斯一样，没有哪个酒店有类似三亚或泰国一样的私家海滩。我们住在Sheraton MiragePort Douglas Resort，酒店的一大特色是环绕酒店的lagoon，在浅浅的水池里游泳晒太阳特别适合带小朋友的家庭。我们选这家的主要原因就是这个游泳池，而且酒店就在4 mile beach 的旁边。小镇上以及周围有很多service apartment，非常适合较长时间度假。

Chilly's Pizza，食物口味很好，而且餐厅外就是块大草坪，适合孩子们玩耍

强烈推荐 On the Inlet 的青口贝

晚饭前去看定时来觅食的大鱼 George，可惜那天他巧妙地吃了鱼饵却没有露出庐山真面目，大家只能人看人

吃

　　道格拉斯港好吃的不少，一定要提前预定。环境最佳的，也是我的最爱——On the Inlet，特色是海鲜（青口贝很推荐），以及每天下午5点定时来觅食的 George the Groper（一条名叫 George，品种为 Groper，类似石斑鱼的鱼，巨大无比）。此外镇上口碑最好的 Salsa bar & Grill 也不错。正餐餐厅中还有 Zinc 和 Harrison's 两家口碑不错，我们没有来得及去吃。简餐餐厅中，我们最喜欢的是 Chilly's Pizza，夏日傍晚在室外的座位上就餐非常惬意。

交 通

到了凯恩斯之后强烈建议从机场开始租车，订中巴去道格拉斯港、当地报团去DantreeNationalPark、酒店往返小镇中心购物吃饭都需要交通费，加起来不比租车便宜而且还不方便。如果不租车的话，从凯恩斯机场去道格拉斯港需要提前预定中巴，我们坐的是Exemplar Coachesand Limousines（电话07-40985473），一次性订往返会便宜一些。

END

豆果妈

为大家奉上游记，关于房车的林林总总、美西房车亲子游精华路段和经典景点、房车亲子游贴心Tips。想把美西壮丽峡谷山河、自驾的畅快奔放、舒适自在的旅途体验和孩子的平稳作息完美结合的爸妈们，本文绝对值得收藏。

叶茶

2岁娃"房车"酷游美西

AMERICA

羚羊谷·大峡谷……

- 目的地：美国西部
- 关键词：房车
- 娃　龄：26个月
- 行　程：8天（房车游，全程12天）
- 景　点：拱门国家公园 峡谷地国家公园 羚羊谷……

　　2015年的第一次境外游，我们带着26个月的小娃娃和娃外婆再次踏上美国的土地。在过去的三年里，我们的行程遍布了大约半个美国，这次选择美西这条完全以地质风光闻名的路线，是为我们的美国游填补空白。与以往任何一次自驾游不同，这整整十二天的旅程因为我们选择了别样的出行方式而收获了特别的体验。

TIPS

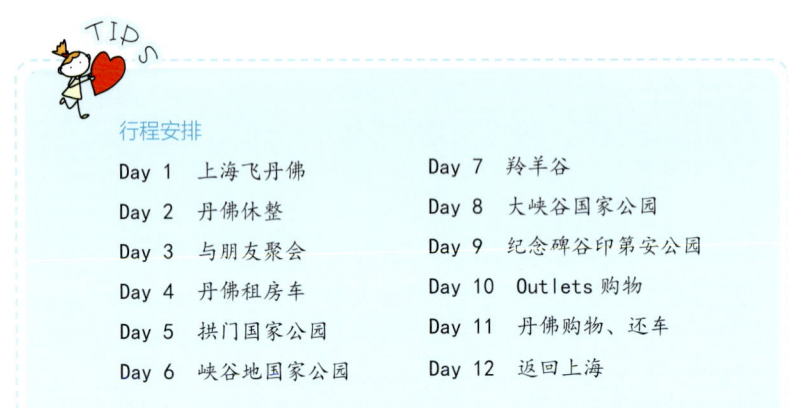

行程安排

Day 1	上海飞丹佛
Day 2	丹佛休整
Day 3	与朋友聚会
Day 4	丹佛租房车
Day 5	拱门国家公园
Day 6	峡谷地国家公园
Day 7	羚羊谷
Day 8	大峡谷国家公园
Day 9	纪念碑谷印第安公园
Day 10	Outlets购物
Day 11	丹佛购物、还车
Day 12	返回上海

  驾着房车，带着行李与家当，我们在清晨的野地里吃早餐，傍晚在营地里生着篝火一边晚餐一边聊天。无论是艳阳高照还是皓月繁星，都成为我们佐餐的美丽背景。

  一路下来，我们好像跟着孩子重回一个没有包袱的自然人状态，随性又快乐。

  带低龄宝宝去旅行是否有价值，这是最近在微信圈内一个充满争议的话题。有一部分观点认为孩子那么小，看什么都记不住，去了就是浪费金钱和精力。而在我们看来，新鲜的刺激对幼儿发育是有促进作用的，即使旅行不会在他们的记忆中留下深刻的痕迹，但带孩子看世界的过程，让他亲身去感知一种不同的环境，体验不一样的快乐，也是很大的收获。除此之外，最重要的是让我们全家享受到一段不一样的亲子时光，就已足够。

房车优点

1. 可以最大程度解决小朋友、老人的吃饭与休息问题，在路上随时随地可以找一处空地停下做饭或者睡觉。
2. 境外长时间旅行最大的问题大概便是饮食口味的问题，连续12天一日三餐如果全是美式食物会很让人崩溃，有了房车我们就不用带泡面榨菜了，想吃啥做啥就行。
3. 自带卫生间，不必开车行驶在公路上还要考虑到处找厕所的问题。
4. 因为每天都会走一段路，有了房车就避免了拎着大包小包辗转于不同的酒店。
5. 宿在房车营地里，随时换装拍照，下车就身处大自然中，非常有乐趣。

房车租赁

租车公司：在出发前一个月，我们从美国最大的房车租售公司CruiseAmrica网站上租到一辆最小的3到4人车型（Ford E350），并在国内提前支付了300美金的预付款。取车地点通常不设在机场附近，需要使用出租车或公交车等其他交通工具到达。

驾　　照：中国的驾照需要翻译成英文，租车时出示，若是第一次开房车建议购买保险。

费　　用：收费是按照里程数来收取，每英里0.34美金，若提前在网站上订购里程包会有相应的优惠。

设　　施：房车上有两张床、卫浴设施、做饭的炉灶以及餐桌，但床上用品、洗浴用品以及餐具等都需要自备（或选择在柜台直接租赁套装）。我们从国内直接带了两床薄被、一张床单、筷子勺子等简单餐具，其余物品可以在沃尔玛或其他超市一站式采购。

推荐租赁房车的中文网站：蜗牛房车旅行网

　　话题回到这一次的旅行上，若不是因为带着宝宝，我们大概不会想到还有房车这一种交通工具吧！

> **TIPS**
>
> **营地预约**
>
> 我们三月出行的日期是在美国春假之前，并非旅游高峰期，所以大部分营地可以提前一个晚上在各个公园的官网上预订（但是大峡谷国家公园不在此列，我们径直去就赶上爆满，最后只能在离公园最近的一个小城的房车营地住下）。若是遇上高峰期，那么就需要至少提前一个月预订了。
> 营地分为公立与私人两种性质，后者价格略贵，但是设施很全，更舒适。洗手间、淋浴房、洗衣房及洗碗间都非常干净，特别推荐。

🚗 Day 1 到 Day 3

到达丹佛、休整。Day 1 到 Day 3 上海直飞丹佛，在丹佛见朋友，休整。第四天才正式开始我们的房车之旅。房车行程往返共八天，我们带着宝宝和宝外婆跨越了科罗拉多、犹他、亚利桑那三个州，途径三大国家公园及两个印第安公园，全程总计 2800 公里。

🚗 Day 4 第一站：营地

终于到了出发的这一天，在房车租赁公司办好相关手续，工作人员带着我们检查并讲解房车上的各项设备及使用方法，宝宝推着刚给他买的简易推车亦步亦趋地跟着，一副对房车十分感兴趣的样子。一切准备就绪，我们开始将行李搬上车，宝宝用他的小推车帮着运送小件物品。提车后我们到当地的韩国超市采购了一番，将冰箱塞满，然后正式出发了。

从丹佛开车到我们的第一站——拱门国家公园附近的房车营地，花费了约六个多小时。出发的时候天空阴沉晦暗，浓云滚滚，在翻越落基山脉的时候还赶上了一场持续半个小时的鹅毛大雪，整个世界一片雪白。

　　当我们成功翻越落基山后，周边山石的颜色变成了一种发灰的橘色，整个行程的色调也在这一刻发生变化。

　　到达当天的营地时已经是晚上九点，天气微凉。我领着宝宝下车走了一圈，营地十分宽阔，安安静静地停着数十辆车。路边草丛里插着小路灯，光源并不算明亮，却正好让我们抬头时被那漫天的繁星惊呆了，宝宝从来没有见过这么多这么近的星星，兴奋地一直指着天空叫唤。

　　接上电、水以及污水排放管，我们随意煮了点面条吃，便到营地提供的公共浴室洗澡洗衣服，然后丢在洗衣房烘干，接着便回到车上一夜好眠。

第一顿早餐，一切都像我们平时在家的节奏，一路上有老妈照顾好幸福门票是一车 10 美金，七天可以随意进出，比起国内动不动一人一百多人民币的高昂价格，觉得好划算

🚗 Day 5　第二站：拱门国家公园

　　昨晚摸黑开进来，根本不知道身处在怎样的地方，我们早上起来打开车门，入眼的便是这极具有冲击力的蓝色与橘色，柔软与坚硬碰撞的一幅画面，原来营地就在山脚下。

　　吃过早餐便拔营前往拱门国家公园，一英里的行程实在是太方便了。公园内没有餐厅超市，也没有加油站，此外这里没有任何树木等遮挡物，所以我们提前先加油并准备好了防晒霜才进入。一路上，被眼前绵延不断的鲜明橘色山石吸引住了全部心神。

　　第一站是平衡石（Balanced Rock），它就耸立于抬眼可见的马路边上，这是公园里为数不多的不用走太久就可以欣赏的景点。在一堆乱石中，一根高约 40 米的石柱拔地而起，而在修长的石颈上竟然顶着一块硕大的巨石，看起来十分危险的样子，但是它却稳稳立着保持平衡，因此得名平衡石。

宝宝下车后十分兴奋，直朝着小路边的赤红色砂石冲了过去。对于他来说，眼前高大的巨石就是游乐场，路上遍布的砂石就是他最喜欢的玩具，一边走一边玩，竟慢慢爬上了平衡石的基座。

　　回到车上已经十二点多，我们煎了几张饼，又用微波炉加热了一根烤羊腿，羊肉卷饼就成了我们的午餐。

　　饭后，我们开车前往下一站，而我妈则带着宝宝开始午睡。等到精致拱门时，宝宝已经睡熟了。

　　精致拱门是拱门国家公园的镇园之宝，并且成为犹他州的标志，犹他的车牌上都印有它的图像，2002年奥运会的圣火传递甚至专门安排从它下面穿过。

　　这一处所在是整个公园看日落的最佳地点，但是从停车点走过去大约五公里，来回徒步穿过大片乱石差不多要四个小时，这样高强度的徒步不要说宝宝睡着了，就算他醒着也不太可能到达。于是我们只能从另一条短途走到精致拱门对面的小山丘，用远焦镜头拍下了它。

穿戴梳妆完毕了，继续出发吧小伙子，Go

　　一个人静静站在这里，突然想到那句："于千万年之中，时间的无涯的荒野里，没有早一步，没有晚一步，没有别的话可说，惟有轻轻地问一声，噢，你也在这里。"

　　走了大段路后回到车里休息，宝宝正好醒来，休息得不错，笑眯眯地看着我。光着腿就从床上溜下来，直奔爸爸的位置而去，总是不忘见缝插针过把司机瘾。

　　大概是两个多小时的午睡让他满血复活了，跟着我们一路疾走，很快便到了这只炯炯"大眼"面前。

于我们是如此震撼的所在，于孩子却是又一方自己的新世界。我们忙不迭作各种深情远眺或文青望天状，唯恐没有让自己在这里留下珍贵的记忆……只有孩子物我两忘，仿佛手中那捧沙，捡起的那几块小石头便是全世界。

玩耍了好一阵子，太阳慢慢西斜，照在山石上的阳光似乎有一种穿透时光的力量，让这些粗笨的岩石变得透明轻盈，甚至带着几丝精致的气质。

夕阳会让这座公园变得更加有魔力，可是宝宝已经到了吃晚饭的时间，我们只得返回营地，希望下次再带他来时，我们可以做三个行脚的背包客，一步一步感受拱门国家公园的每一处迷人。以我们的小肥羊火锅来结束这一天吧！

TIPS
营地信息

这两晚我们都宿在 Moab 营地，只因这一片公园十分集中。拱门国家公园其实比较适合留出两个整天，慢慢走慢慢欣赏，但是我们的时间有限，所以次日吃过早餐就直接前往同样离营地不远的峡谷地国家公园。

地址：Moab Valley 1773 N Highway 191, Moab, UT, 84532

Day 6 第三站：峡谷地国家公园

峡谷地国家公园 (Canyonlands National Park) 是世界著名的侵蚀区域之一，也是美国公认的人类最难进入的地区之一，所以人烟比较稀少也在预料之中。这个国家公园虽不如大峡谷或黄石国家森林公园那般有名气，但是这里堪称"天然的地质博物馆"，每年都会吸引不少徒步旅行者前来探险。

公园分为 Island in The Sky、The Needles、The Maze 三个区域，彼此之间被峡谷分隔，道路不通。天空之岛 (Island in The Sky) 主要欣赏峡谷景观，园内的 mesa arch 是观看日出的最佳地点。

考虑到全家人的身体状态和时间安排，我们只选定了天空之岛一景。尽管如此，当我们看到面前那片奇异的大开大阖的荒野景致时，方觉此行太妙了。在一片平坦的高地上，突然陷入地下形成千沟万壑，河流在这千沟万壑中穿行，又形成无数砂岩塔和峡谷，风光非常奇特。

中午随意吃了些什锦炒饭，宝宝和外婆开始午睡，我们则朝着下一站出发了。去往羚羊谷的路上途径纪念碑谷，这里是犹他州与亚利桑那州交界处，色泽在进入印第安人地界时变成了金橙色。阳光下，满地金沙闪耀。

> **TIPS**
> 营地信息
> 营地地址：Page Lake Powell Camp
> 849 S. Coppermine Rd. Page, Arizona 86040

🚗 Day 7　第四站：羚羊谷

羚羊谷，真的是慕名已久，这个被誉为"摄影家的天堂"的地方，美得仿佛来自上天的恩赐，也成为我们此行最最难忘之处。

它分为上羚羊谷与下羚羊谷两个独立部分，由本地印地安纳瓦荷族统一管理运营。下羚羊谷为更多摄影爱好者所追捧，只因里面有非常狭窄的地方需要攀爬一段天梯过去，我们考虑带着宝宝便选择了上羚羊谷。

一人40美金。10:50，我们上了接驳车，导游开始讲解注意事项。

坐着三面透风的接驳车在黄沙里飞驰了十几分钟到达上羚羊谷，印第安导游将我们带进巨大岩石中的一道裂缝里，外面看起来无甚特别，里面却是别有洞天。红砂岩被洪水和狂风冲刷打磨出曼妙精美的纹路，在不同光线的照射与折射下形

宝宝胆子真有些大，无法像我们一样轻松在巨石上走动，他便手脚并用爬上去

我们下来拍照，宝宝也跟着下车，接着一屁股坐在了沙土上，我们早已习惯他的"狂放不羁"，就任他自己玩去

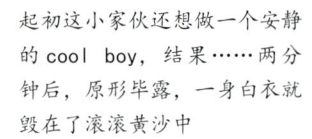

起初这小家伙还想做一个安静的 cool boy，结果……两分钟后，原形毕露，一身白衣就毁在了滚滚黄沙中

成变幻莫测的奇异景象。同样一个拍摄角度，我用手机拍出深邃的色彩，而我家先生用单反则拍出艳丽的色彩，实在是妙不可言。

　　这样神奇瑰丽的洞穴是在百万年的历史长河中经过狂风和山洪反复侵蚀冲刷而成。尤其是在雨季，地域广阔的盆地产生的暴洪凶猛而至，夹带着砂石瓦砾在峡谷岩缝中大力冲击，使得柔软的砂岩被打磨出了好似可以流动的柔软纹路。这里又被称为"凝固的惊涛"，果然形象。

全长一百多米的岩缝里凉风飕飕，我们走到底后很快便带宝宝出去了。孩子不知道从哪里拣来一个别人丢弃的易拉罐，一个人蹲在黄沙里开始玩了起来。对于孩子，很难说易拉罐和壮美景色哪个更有吸引力。

在房车上稍作休息，吃过中饭，妈妈照例带着宝宝午休，我们又朝着前方出发了。

> **TIPS**
>
> **营地信息**
>
> 傍晚到达大峡谷国家公园，本以为里面的营地会有空位，结果到达目的地才发现林间早已帐篷搭满，炊烟四起。我们这才又赶去几公里外最近的小城里宿营。
>
> 宿营地址：Grand Canyon 南边小镇上的 RV PARK
>
> 天色已黑透，我们在营地中间生了一堆小火，小坐了一会儿，看着宝宝好奇地围着炉子跑来跑去，闲闲聊了几句，不知不觉繁星又已满天。

Day 8 第五站：大峡谷国家公园

拔营，再度前往大峡谷国家公园。将车停好，再走到峡谷巴士站乘车前往峡谷各个景点。

其实先前几天看到太多壮丽精彩的地质风光，到了这座世界闻名的七大自然遗产之一前，心情并没有想象中那么激动。不过，大峡谷的确是美西游不可错过的一站。

大峡谷国家公园，又叫科罗拉多大峡谷，谷壁地层断面节理清晰，层层叠叠，从最底层来自寒武纪的岩层一直到新生代的各个时期，被誉为"活的地质史教科书"。

下车，一只绿色的"小鸟"投入人群中

我们在不同的站点下车，从各种角度欣赏峡谷的不同美。宝宝全程就像快活的鸟儿四处奔跑跳跃，毫无拘束。

TIPS

营地信息
营地地址：Page Lake Powell Camp
849 S. Coppermine Rd. Page, Arizona 86040

Day 9 第六站：纪念碑谷

这一天我们驱车回程，懒懒睡到自然醒，等到收拾好再出发已近中午。路上再次途径纪念碑谷，上次匆匆而过，今天便特意多逗留了一段时间。

三座仿若丰碑一般的巨石屹立于旷野中，沉静而落寞，想到这些天一路经过的那些风格形态各异的砂岩最终也会被风沙与时光打磨成这样零落的模样，竟然有些失落。

TIPS

营地信息

这一夜我们所宿营地已经十分接近丹佛了，因为第二天计划到 Outlets 购物，因此还是宿在了途中一座小镇。

营地地址：Cruise Inn - Junction West RV Park
793 22rd, Grand Junction, CO, 81505

Day 10 购物

在美国海拔最高的一座 Outlets 购物。再恶劣的天气，再无聊的购物，也不能阻止人家玩耍的热情，哈哈！

Day 11 告别

要跟这个与我们相处了八天的大伙伴分别了，小家伙很是惆怅了一番。最后再放张房车的英姿以作留念吧！

那些天，我们走过荒原、走过沙漠、走过旷野，走过那么长的旅途，如果没有亲爱的家人，那将多么的寂寞。我们会一直相伴，一直走下去！

回国近一个月后，攻略将将出炉。一边翻看照片一边逐一配上文字解释，仿佛又重新旅行了一次，最终沉淀下来的是一家人无论走到哪里都能彼此相依相伴的美好情感。

低龄宝宝美西房车游贴心 Tips

🚗 路 线

美西环游的范围非常广,但如果出行时间在15天以内,而且希望带着孩子比较闲适的旅行,行程不要太密集,那么我们更建议挑选一段最合适自己家庭的线路。我们此次以丹佛作为出发点是因为要在那里办些私事,其实最好的出发地点莫过于洛杉矶或者拉斯维加斯了,将终点定在黄石国家森林公园然后返回。这一段路线上集中了全美三大国家公园其中两个,另有其他以地质风光闻名的国家公园若干,绝对值得一行。

☀ 网 络

出国前可以在淘宝上租移动WIFI,15天三百元左右,可以支持全家人的手机及电脑上网。我们在丹佛AT&T买了一张4G流量的临时电话卡,用热点也能够满足我们一路上的网络使用。

🚗 房车加油

以我们Class C 25英寸(7.5米长)的房车加满一次油需要九十美元左右,(油价平均2.3美金/加仑),可以跑500英里以上,沿途有许多小镇都有加油站和便利店,很方便。

🚗 关于驾驶

虽然我多次提出来和娃儿爸轮换开车,但是他觉得我陪娃儿比较好,所以八天都是他一个人开。除了第一天赶到第一站营地开了三百五十多英里,以后每天都没超过二百四十英里。另外,国内的C照就可以开大部分型号的房车,所以很方便。

景点间行驶距离

丹佛—拱门国家公园　350 英里
拱门国家公园—佩吉（羚羊谷）　240 英里（途经纪念碑谷）
佩吉—大峡谷国家公园　190 英里

因为有了房车，娃儿午觉都能得到保证，每天一点左右开始睡觉，在房车的床上睡两个小时，上厕所就在车上的厕所。

应急药品

防晒霜（必带）、创可贴、肚脐贴、退热贴、驱蚊药水等，其他一般的常用药如小儿退烧药在沿途的超市都能买到。

食物采购

房车上有微波炉和煤气灶，所以就按照中国的食谱选择食物就好，考虑到午饭一般都在路上或是公园内，所以午饭建议尽量选择方便的速冻食物，多选择一些品种。

出发前可以找中国超市或者日韩等亚洲超市将冰箱塞满，蔬菜水果多多益善，保证旅途中的膳食平衡，沿途的超市虽然没有丹佛那么多选择，但是沃尔玛遍布全美，基本补给足够了。

低龄宝宝注意事项

小娃房车旅行需要注意的是在营地一定要跟着，房车营地里车辆多，注意安全最重要。

和一般旅行相比，小娃的午休能得到保证，平时开车时房车内部的空间宽敞，方便小孩到处走动。停车后立刻就可以开始做饭，小孩就在房车周边玩耍，比住酒店节约了很多搬行李的时间和体力，而且节约了很多餐饮上的花费。比一般的旅行而言，弊端在于开大车要分外小心，速度也开不快，平均时速一百公里左右，车也比较耗油，百公里要 15 到 16 升油。然而，对带娃游来说，房车旅行的利绝对大于弊。

增值阅读

I "在一起"是比"我爱你"更高的承诺
——心理咨询师的娃游随笔

II 摄影师私房心得
——用照片书写娃游故事

III 资深攻略党的出国亲子游准备目录
(附 To Do List)

"在一起"是比"我爱你"更高的承诺
——心理咨询师的娃游随笔

严艺家

豆果妈

第一次见到严艺家是在我家老大豆豆的托班里。那段日子我正为一岁多的小家伙不肯午睡而发愁。当时还是陌生人的艺家几句话就让我泪流满面、心结顿开。后来的故事,则是我已经想不起来豆豆的午睡问题是怎么解决的了,孩子就那样变成了"好睡宝宝典范",多少,应该和艺家的话有关吧。

后来慢慢熟了,才知道她是一名专注于婴幼儿领域的心理咨询师;她带着刚上幼儿园的大小姐和还是个小婴儿的过敏体质少爷在大洋两岸不断实践着自己的"慢旅行";她也是妈妈群里的"百忧解",各种育儿问题在她四两拨千斤的解读下总是立即豁然开朗。

约她来写这篇文章,是因为关于要旅行和不要旅行的亲子游争论很多,而她的角度总是更本源更通透,只是受限于心理咨询师的职业,她不能披露太多个人的游历感受,但观点和建议依然让人颔首。读完,相信你会有更清晰的娃游价值观。

说起娃游,脑海中第一个出现的画面还不是自己和孩子们共享的那些旅途回忆,而是当自己还是个孩童时和父母走南闯北的记忆。我个人的娃游史可以追溯到一岁多的时候,当时和父母坐着绿皮火车去了西安,并且在那里呆了一阵子。某次我把记忆里对西安住处的各种印象复述给妈妈听,她非常惊讶于一个1岁多的孩子对此就能有那么深刻的记忆。我的性格中似乎也"遗传"了父母热爱行万里路的"基因",并且在当妈妈之后也愿意和自己的爸爸妈妈一样,带着自己的孩子到处走走看看。

和每个新手父母一样，第一次带娃出远门难免手忙脚乱，但当孩子们慢慢长大，我们的经验也在不断积累。如今，家中4岁的老大已经可以自己背着行囊和我们去无电无水的地方野营，而刚满1岁的老二也已经跟随我们去过了或近或远的各种目的地。值得一提的是，老二是个过敏体质的孩子，能吃的食物非常有限，因此每到一个旅行目的地，我们都需要及时进行可用食材的采购并且每天单独为他进行烹饪，对家庭旅行来说这的确增添了不少额外的工作量，但这也许就是家庭的意义所在：我们接纳彼此原来的样子，并且愿意找到和谐的方式与彼此一起走人生的旅程，没有人会因为自己的特别之处而被孤立，"在一起"是比"我爱你"更高的承诺。因为老二，我们有了很多段松散自在的慢度假时光，逛了不同城市的集市，使用了各种不同的厨房，这又何尝不是特别的娃游旅程呢？

从心理学角度看亲子旅行，高于一切理论的是这个过程中的"爱"与"欢乐"。如果一段旅程让每个身处其中的人都身心愉悦，又有什么理由不去进行呢？愿下面的一些小贴士能让各位读者的娃游体验更丰富：

洱海边总是有不期而至的美景

☀ 接纳孩子在旅途中发生的行为变化

旅行给予了孩子完全不同于平日养育环境的体验，这种适应新环境的压力也许会在旅行前后或整个过程中导致孩子某些方面的行为"退行"，例如本来可以独立进食的孩子会要求父母喂饭、已经走路走得很好的孩子要求父母抱抱、频繁夜醒、尿床尿裤子、便秘、情绪失控……即使是成年人在面对压力情景时，某些方面的行为也会出现"退行"，以预留足够多的能量去适应生活中的变化。这种行为能力上的倒退往往是暂时的，父母如果可以看到孩子行为变化背后的需求，并且在能力范围内给予充分接纳的话，相关变化通常会在1到2周内自动消失。

☀ 旅行带来成长

　　虽然旅行中有压力与刺激，但如果有足够良好的情感支持，经历这一过程即"成长"。很多父母会感觉孩子旅行归来似乎"长大了"，或者某方面的能力突飞猛进。也许一方面是因为全然不同的体验刺激了孩子的大脑发展，认知情感运动等能力都有可能实现某种程度上的"飞跃"；另一方面，经历了生活环境发生变化的压力情境之后，孩子与父母的心智都得到了发展，面对挫折的耐受力有所增强，当再次回归到熟悉的情境中，之前难以面对的状况突然变得不那么让人无所适从了。旅途也带来共同体验，这种共同体验本身会让一家人变得更紧密。

距离大理不远的喜洲，更静谧，更空灵

变化的旅行，不变的仪式

稳定持久的客观环境对儿童早期成长而言是重要的，但那并不意味着"恒定不变"。即使在旅途中，我们也可以帮助孩子们去实现那种稳定安全的感觉，也许是睡前那首妈妈总是哼唱的歌曲，也许是无论在哪里都会伴随孩子入眠的布偶或毛巾，甚至也许只是对于饭前必须要洗手的坚持——任何与平时居家生活保持一致的细节在旅途中都有可能成为孩子内心的"锚"，这些变化中的不变有助于孩子保持恒定感，那也许就是我们成年人口中的"心安即是家"。

以"关系"为中心的旅行

"要不要带孩子旅行？旅行应该以孩子为中心还是以父母为中心？"当父母开始面对这些困惑时，也许可以站在亲子关系的角度去重新思考这些问题的答案："旅行会让我们的关系得到成长吗？""怎样的旅行安排会让孩子与我们之间的关系更自在舒适？"平衡每个家庭成员在旅行中的内心需求，这本身就是一门艺术。当孩子的心智及语言能力发展到一定阶段时，可以邀请他们和父母一起制定旅行计划，以"关系"为中心去实现探索与舒适之间的平衡。

允许不同情感体验的发生

父母们是如此盼望可以把世上的一切美好与孩子们分享，但作为一个独立的生命个体，每个孩子面对相同的景致可能会生发出完全不同的感受。同样是海滩，对婴儿来说也许会感受到更多的海浪声与沙粒质感；对学步期孩子来说，也许在海浪中蹒跚的感觉令人乐不可支；对儿童来说，大海神秘而富有各种可能性；对青春期孩子而言，大海可能意味着更多的户外运动选择与冒险。即使是同一个年龄层次的孩子，基于先天的气质及成长经历，对相同事物也会产生截然不同的情

喜洲还保留了大量田园景观，给人带来了久违的感动

绪体验，但任何一种情绪体验都是"学习"，允许不同情感体验的发生与存在其实就是父母可以给孩子提供多大的自由去进行自主学习。

☀ 家庭旅行的哲学意味

想象一次完整的旅行，除了各种美好的瞬间之外，也会偶有意料之外甚至不如意的状况发生。对死理性计划派的出行者来说，这些变化会让他们特别难以忍受，但这些部分也有可能成为日后一家人回忆起旅程时的笑料谈资。一家人面对旅行的态度，仿佛就是他们面对育儿及日常生活的态度：有的仿佛时刻手执清单，需要确保一切按部就班；有的则更关注当下，对变化和差异的包容度比较大，相应也可以悦纳更多生活的可能性。有时候我会在咨询室里和父母们探讨一个问题："育儿对你们而言是一个怎样的过程？比如那是完成一份考卷还是经历一趟旅程？"

艺家工作室位于上海，接受面询及远程视频咨询，服务范围包括孕产婴幼家庭心理支持，青少年及成年人情绪困扰，自我成长类咨询。

洱海仿佛承载了说不完的故事

摄影师私房心得
——用照片书写娃游故事

李 米

豆果妈

这篇文章来自我们的老朋友李米，一位专业的亲子摄影师+娃游达人。喜欢她的作品，是因为她特别善于用定格的图像来讲故事，这对于书写亲子旅行记忆而言实在太重要了。文内所有照片都是她带女儿在旅途中拍摄的，所用的设备包括全画幅单反、微单、卡片机、手机……如果这篇文章勾起了你拍出娃游大片的念头，请关注【娃游记】公众号，有机会一定来听李米的亲子旅行摄影讲座吧。

设备篇：亲子游拍摄该带什么设备？

查攻略、订机票、打包行李……终于要带上孩子一块儿出门旅行了。等等！相机呢？带上了吗？还有哪些和亲子游拍摄相关的设备要带？

一台"能用的"相机或者手机

带什么相机都行，前提是：你会用，而且机器没有故障，能用。我已经听说过太多这样的故事，"为了旅行特意新添置的相机，但是不会用""在旅途中照顾孩子手忙脚乱，更没时间看说明书"。

5岁 临江河畔饮马

一台为旅行准备的相机，请至少在出发前知道两个功能"全自动"和"自拍"。全自动模式（没错，就是 AUTO 或者 P 档）已经可以应付旅途中大部分场景；自拍是为了把你自己拍进去，你也是家庭的成员。

还有，"上次机器就出现接触不良了，一直拖着没去修理……结果这次刚到目的地就发现机器彻底坏了，用不了……"为了避免相机关键时刻掉链子，立刻马上送去修理。

如果没有相机……手机也能用！

5 岁半 "我象不象龙猫？"（Sony Nex-5N）　　5 岁 索菲亚教堂前喂鸽子（手机拍摄）

充电器、充电线、备用电池

实际上，这几样东西应该永远跟相机收纳在一起，这样你就不会忘记带。

足够的存储卡

正喀嚓得上瘾，提示卡里没空间了....于是你开始悲催的一张张往前翻，每张都舍不得删.....

为了避免悲剧发生，请记得带上足够的存储卡，至少3张：1张使用、1张备用、1张备"坏"。存储卡很容易坏，发现无法读取时，最安全的办法就是立即停止使用，不做任何操作，换上另一张卡。等你旅行结束回家，找专业机构，有很高的机率把坏卡里已经拍好的照片救回来。

手机党们，请先清理好旧照片，留出记录美好旅程的足够空间。

4岁半　薰衣草花田漫步（微单拍摄）

内容篇：拍什么？什么时候开始拍？

好了，总算该带的都带了。什么时候开始拍摄呢？

等到达风景名胜处，站在标志物前，掏出相机，开始让孩子出示剪刀手？

NO！

从出发前就开始拍

旅行，其实从出发前就开始了。甚至从准备行李起，就可以开始用相机记录。难道你可以无视孩子准备行程时候的激动、自豪、期待？

5岁　孩子开启旅程的喜悦，你感受到了吗？（手机拍摄）

5岁　你看到了一个收纳达人正在成长对吗？（手机拍摄）

2岁半 拉杆箱拉起来比她还高呢（卡片机拍摄）

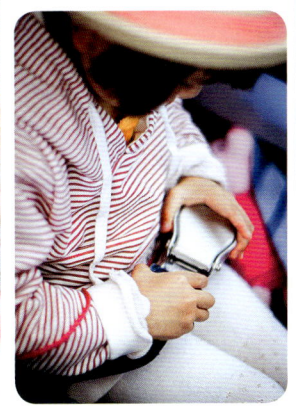

已经会自己扣安全带了！这份成长的喜悦，你可曾记录下来？（卡片机拍摄）

此处适合各种小背影小侧影（手机拍摄）

行进途中也可以拍

　　机场是很好地拍摄地点，通常有着充足的光线和"典型的人文纪实大片"拍摄背景。（作者：不装文艺会S星人）

185

即使遇到不愉快，也要拍

如果照片全是笑脸，也很单调很不真实，对吗？孩子的冰激凌掉地上了、第一次坐过山车吓哭了……不要犹豫，马上拍下来！将来翻看时，这些照片会让全家哈哈大笑。

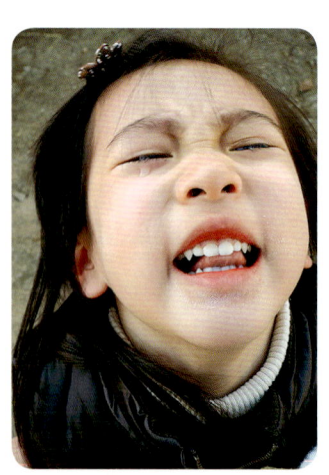

5岁 捧着块东北奶油大雪糕，正吃得美滋滋呢，一不小心掉了（微单拍摄）

方法篇：亲子旅行到底该怎么拍？

好了，值得拍摄记录的内容太多了，那到底该怎么拍？

体现丰富真实的旅途感受

什么叫丰富真实？就是，角度多样，既有特写、又有大场景；感受多元，既记录孩子的欣喜、也别忘了孩子的沮丧……

大场景

别一直跟在孩子身后唠唠叨叨，"慢点，小心摔跤！""哎，那里脏！"，这样是拍不出大场景的……让孩子奔向大自然的怀抱吧，看，就是这么任性。

TIPS：

拍大场景请用小光圈！听不懂的，请将相机调整到风光模式。适当来点大特写，尤其在吹蒲公英、吃冰激凌、睡觉……的时候。拍摄特写时，请用大光圈。听不懂？请用人像模式。

跟孩子保持距离，才有机会拍到这样天人合一的大场景照片。妈妈们，放手吧，带孩子旅行，就是来探险来经历来摔跤的。

这些最真实的体验，都是值得记录的旅途点滴。

5岁　夜海滩捉螃蟹（手机拍摄）

3岁　打算去海边堆沙堡，结果天气不好下雨了，沙滩还很脏。不能玩，很伤心（卡片机拍摄）

3岁 候机厅的安全指示灯,研究了很久
（卡片机拍摄）

风景太美,孩子在干什么?
在吹蒲公英呢!（微单拍摄）

4岁 亲手采到的双胞胎西红柿
（微单拍摄）

2岁半　第一次观看全程日落（卡片机）

5岁　在最美青旅的窗前画幅画（微单）

美美的大片如何拍到

总算从单纯记录进化到拍得更美了。

旅途中，我们不会随身携带灯光助理，所以，只能依赖自然光。不管你在南半球还是北半球，日出后和日落前，都是能拍到最美照片的时刻。拍娃党们，早出晚归，考验你对拍娃是否是真爱的时刻到了。

如果你必须中午拍，请让孩子躲在阴影里！

逆光，总能带来更有立体感的照片。

带玻璃窗的咖啡馆啊，饭店啊、浴室啊……其实也都能拍出美美的照片，只要你能在镜头中看到孩子的"眼神光"，就是好的光线，就可以拍。

3岁 旅途中的某咖啡馆，美美的眼神光（单反拍摄）

5岁 海边玩沙，戴上帽子既防晒又能避免脸部过曝（单反拍摄）

191

5岁 森林中漫步（单反拍摄）

试一试，让孩子来拍照

其实，孩子眼睛里的世界，跟我们的不太一样。当孩子能端稳相机或手机的时候，让 ta 自己记录旅途见闻，培养 ta 成为你的专职摄影师吧。

没人教 ta？或许我也该给孩子们开点摄影课了。

4 岁半　成都川剧院为外公外婆留影

李米·摄影培训·亲子摄影

欢迎添加李米老师为好友，分享她每天发布的拍摄心得和最新作品！

微信扫一扫

最后一个提醒：别忘了你也是旅行的主角，置之度外拍一百张照片，不如跟孩子开心地大笑一场。

资深攻略党的出国亲子游准备目录
（附 To Do List）

豆果妈 等

豆果妈

我是把亲子游当成重大家庭 Event 来对待的。因为时间不够多，钱包不够鼓，加上飞行其实是件不那么环保的事儿，所以，要么不出游，出游一次通常就是 10 天半个月。走的地方不一定多，但我追求尽量更深一些的感受和有别于熟悉生活的不同体验。

有了孩子，做攻略就花了更多心思。我自己的体会是，把攻略做到位，亲子旅行完全可以摆脱走马看花和浮光掠影。你的娃游，会打上你家庭的独特烙印，不需要刻意寻找也会有与众不同的意义。

旅行"预热"篇

家有观察型摩羯座慢热娃，干什么都需要"预热"，不然到了现场就一副游离态，搞不好还要以泪洗面。所以出游前我都会做一些功课：

◎ 绘本、贴纸书

无目的地看书很享受，有目的地看书很高效。旅行前我会和孩子一起有目的

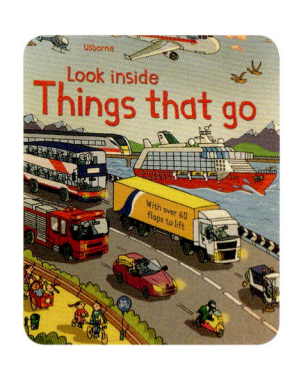

地看一些绘本。比如去清迈主要体验跟老虎和大象的亲密接触，就看《小小自然图书馆》系列、《Big book of Big Animals》，上次去日本体验交通工具，就看《Things that go》。

如果途经世界知名的大型机场，或者可能在机场停留时间比较长，贴纸书《忙忙碌碌的飞机场》是又能动手又能长知识的好工具，也可以用来在机场消磨时间。

去海边有海滩度假相关的绘本，城市游也有著名的旅行系列绘本。这次要去清迈，居然就有强悍的娃游友发来了清迈手绘笔记。

☼ 口述 + 地球仪 + 图片 + 纪录片

孩子两岁以后就对地图有了模糊的概念。每次出行前我会跟他讲目的地，搬出地球仪比划给他看，再跟之前去过的地方做比较，顺便野心勃勃地做一下决策教育——火车飞机汽车轮船怎么个统筹法。并不是为了他能记住多少，而是实践一种学习方法——旅行所谓的"在一起"，不一定是要从出门才开始的。

口说无凭，如果孩子问得多了，就当即百度图片给他看。比如这次去清迈，会接触到非常多的寺庙。寺庙建筑是啥概念？上几张图片就知道了。如果涉及到动物的，再翻 BBC 的高清纪录片，边看边讲。

这种预热会慢慢变成我和孩子都在学习。跟豆豆讲春节去泰国是因为那里很暖和，豆豆问为什么泰国的冬天是热的？我就得去查泰国的地理位置和气候的关联，讲着讲着就变成地球和太阳的关系了。像我这种被升学教育灌输大的妈妈，其实肚子里没多少干货，若不是要教儿子，我连泰国究竟在哪个地块，长什么形状都完全没概念。攻略一做，我也学习了。

机票和飞行攻略篇

☀ 官网订票

在旅游网站上看好航班比好价格，直接到航空公司官网上订。理由如下：

a) 很多大型旅行网站上不受理部分航空公司的儿童票和婴儿票。花半天脑力查好了航班填好了信息下了单，却告诉你婴儿票要自己联系航空公司。

b) 官网价格不比旅行网站贵多少，而且经常会有特价的商务舱跳出来，价格比经济舱还便宜。

c) 官网上买好票，直接就把座位给选了。对于带着孩子的家长，座位选择还是很重要的。我一般都会选尽量靠前的靠窗三联座。有些航空公司官网上还可以选好餐点，一般空乘都会先送预订的餐点，再为其他乘客提供服务。 别小看这点点差异，一个被馋虫骚扰的孩子在飞机上闹起来可不是好玩的。

☀ 提前 3 到 6 个月查航班订机票。

便宜不止一倍，选择余地大。

☀ 关于廉价航空。

3 小时以内的廉价航空飞行个人觉得孩子完全可以承受，即使超过 3 小时，孩子 3 岁以后应该也没问题。至于安全性，跟带不带孩子没有关系。

☀ 特殊航班和航线选择。

有些航空公司有对孩子特别友好的航班，比如长荣的"hello kitty"航班，从办理登机手续开始到整个乘坐体验，全部是 hello kitty 主题的，孩子就一路玩到目的地，爸妈的轻松大家可以脑补。如果飞行时间比较长，直飞航班时间又不太好的话（比如红眼航班），我会把旅程拆为两段，在转机的地方住个几天，休整顺带看看另一种风景。

☀ 准备好足够的"飞行消遣"

对于2到5岁间的孩子，飞行时间超过3小时的话还是挺难熬的。跟娃游友妈妈们讨教了一圈，学来几招：

下载一些新的孩子可能爱看的动画片在ipad里，飞机进入平飞时就可以观看；

带一些贴纸书、故事书（但这个比较重，带不多）；

我的ipad里会有一个豆豆爱玩的益智游戏；

准备一两个很小的"新鲜惊喜玩具"，在孩子哭闹时拿出来；

星巴克的棒棒糖，据说可持续含特长时间。一些坚果等小零食，在起飞和降落时增加孩子的吞咽，减轻耳朵不适；

超轻彩泥，做做手工很消磨时间；

涂色纸和便携画笔，小朋友画画，时间很快就过去了。

酒店和住宿篇

在我的旅行观里，住宿是很重要的一部分。尤其带着孩子，不仅更加着重考虑安全、舒适和方便性，更希望他能够感知不同的居住空间带来的体验和建筑给人的暗示。房子这东西，哪怕在旅行中，都可能比风景更能打动作为定居动物的人类。

☀ 选择风格迥异的酒店或民宿

去清迈经朋友推荐，我订了三种住宿，一个是稻田间的泳池别墅，一个是大象营里面的泰式木屋，还有一个是昔日的泰国皇宫——极度华美的文华东方酒店。价格从四百多到五千多元人民币一晚的都有，丰俭不一，但都能表达建筑、环境和人的微妙关系。每家住上两三天，细细体验不同的居住空间带来的不同感受是我的目的。3岁的孩子已经有了自己的审美，豆豆走在路上都会说：我觉得这个房子好漂亮，那个房子破破的。所以每次出来，我都抓紧机会让他丰富对居住空间的感受。

☀ 选择离主要游玩目标最近的酒店

尽量减少带着孩子的路途奔波。如果带孩子去乐园（迪士尼、海洋世界或者自然保护区），可以住在乐园里头，乐园里的酒店通常是玩乐的最佳延续。我们在东京的主要目标是上野公园，就找了个公园对面的酒店，有一整天就不必乘车，其他的日子外出游玩回来还可以继续在公园里头小逛。在大阪选择了难波公园旁的酒店，也享受了同样的好处。

☀ 纯度假泡酒店的话，花点钱找最好的，你绝对不会后悔

除了那些声明"不接待孩子"的顶级酒店外，大部分好的度假酒店都会有亲子空间，而越是高级的度假酒店，亲子娱乐项目就越是丰富。儿童乐园和儿童戏水池已经是标配，很多酒店开设了儿童用餐区，再好一点的有采摘区和小动物喂养区；我去过的济州岛新罗酒店里还有个金宝贝，一周7天都有针对不同年龄阶段孩子的室内和户外活动；Clubmed 有覆盖全年龄段的 kids club；这次即将去体验的清迈文华东方，更有这样的亲子俱乐部。呆在这样的酒店里就完全不用出来了。谁说不走万里路就不是亲子游呢？

☀ airbnb、booking、淘宝、微信，能用的都用起来，高贵不贵可以做到

我以前订酒店喜欢用 booking，因为大部分预订可以免费取消。最近因为去清迈这种民宿特丰富特美的旅游城市，学会了用 airbnb，那上面的住宿更丰富多彩，更灵活，价格也更便宜。后来有娃游友告诉我，我在 booking 上订的 5500 元一晚的文华东方，她在某宝上可以 4800 元就搞定 3 晚，自惭形秽的同时赶紧分享给大家，莫要重蹈俺覆辙。其实不光是酒店，包车、租车、景点门票、野外活动、私人导游，几乎你有需要的所有旅行相关事宜某宝都能搞定……另外微信上有很多专卖特价高级酒店的公众号，如璞缇客之类，随便搜搜一大堆。现在还有不少亲子公众号也常有特价的亲子主题酒店推出，比如爸妈营、父母邦、潮爸辣妈亲子团等。

To Do List 篇

除了机票酒店，还有以下需要上心的事儿，一个一个勾吧：

- ☐ 了解当地天气，根据温度准备孩子的衣物。爱拍照的要做好搭配，以便"拗造型"出大片。
- ☐ 准备好摄影器材，每次娃游都是值得记录的经历。
- ☐ 确认当地的网络情况，移动 Wifi 和电话卡，该租的租该买的买。
- ☐ 安排好当地点与点之间的交通，需要包车的提前订好；需要公共交通的先下载好相关 app，各发达国家应该都有，日本这种更是精准到每条线路每个站点都有以分钟计量的时刻表。保底来说，谷歌地图仍旧是出国后最棒的指路工具。
- ☐ 护照、签证、通行证什么的应该都不会忘记，有些国家可以落地签，但

疲惫的飞行加上带着孩子填表排长队的体验并不会太好，有时间先把签证办好，不用花什么精力。

- 去银行兑换好外币。这条也是娃游友妈妈们给我的忠告：虽然银联卡在国外都能用，当地有银联标志的 ATM 机上也可以取现，但"带着孩子，不比单身，能提前做的要做好，到时候就从容些 ——娃游友 TT。我们在日本的时候就碰到过换城市时日币现金几乎用完，地铁小站里所有的 ATM 机都取不了现，买地铁票又不能用信用卡的窘境。当时我拖着个非要抱的娃，爸爸拎着行李到处找 ATM 机，真的很狼狈。娃游友 TT 还支招说：要办张全币种信用卡，这样在国外刷时就不会兑换成美元入账，之后再转成人民币还款。而是直接外币转人民币，按中行当天汇率，免了两次转换的汇率差，还免除了一般信用卡会收的货币转换费。
- 搞清楚要不要带泳装、玩沙工具、推车、登山背椅等特种装备。
- 搞清楚当地的电压情况，确认是否要带转换插头。

至于玩的攻略，各家有各家的喜好，不同的孩子、不同的年龄也有不同的兴奋点。我一般就把网上各种攻略海览一遍，挑出自家娃和娃爹感兴趣的点，再把点连成线，从中再做取舍。一定要说有啥原则的话，那就是 a) 人太多的地方肯定不去；b) 旅行社团队游的标准景点不去；c) 人气比较旺的景点或玩点也要看了真实游记才决定去不去。

我家的亲子游，某种意义上来说从出行前三个月左右就开始了。当然说走就走的亲子游也挺好——更洒脱更随性，只是身为计划控+攻略党，臣妾做不到啊！计划了，却不强求一切都在计算之中，期待转角还能遇见惊喜。

虽然我觉得两眼一抹黑就出游，那不是旅行，那叫流浪。可流浪也有流浪的精彩。有各种文章在叫"一定要带孩子去旅行"或者"不要带儿童去旅行"之类的口号，豆果妈觉着真没必要纠结。懒得出门，在家抱娃很省心；想换个场景，就拖家带口走一趟。流浪型也好，攻略型也罢，各有各的趣味——偶尔扫一眼《娃游记》，皆大欢喜！

后记

【娃游记】公众号的起源，只是因为我自己要带孩子去日本，又找不到可以参考的亲子游记，所以想着不如回来后自己写吧，也许以后其他爸爸妈妈们可以用得上。

没想到，旅行、码字、拍照……都让人上瘾。

给我投稿的妈妈们也说，走了一回，就觉得那种感受特别美妙，想留住记忆，也想和更多人分享美好，于是就有了游记。

而对我来说，带娃旅行最重要的是孩子们在旅途中的变化，他们的欢笑、他们的感受、还有一家人在各色山水间无可替代的成长。我鼓励自己和大家把这一切都用文字、照片、影像记录下来，我们也相信时间越久远，这些记录对我们来说会越珍贵。

记着记着，越来越多的人走到了一起。我们有了【娃游达人群】，几百个爸爸妈妈们一起商量去哪里"遛娃"，怎么"遛"得更好。我们也有了更多的专业机构来给大家提供娃游的资源和信息，这里要特别感谢：【好妈妈欢喜会】主席詹妍、我的摄影老师【爸妈摄影师】的李米、【娃游记】的高效"种草"机【"The Moment"摄影工作室】的Hillary，以及各位毫不吝啬提供游记的妈妈们，是你们在【娃游记】的幼儿期，给了她成长的力量。

同时感谢大力推荐本书的【麦淘亲子游】创始人谢震、【番豆趣亲子游】创始人大白许飞龙、【元子育儿】联合创始人雷蕾，为本书提供精美漫画的【童画】创始人徐海娟。还有本书的责任编辑上海社会科学院出版社的杜颖颖(Sisi妈)，作为妈妈，她同样了解并赞赏娃游的力量。

如果写一本书是我能送出的最好礼物，那么我最想送给的人，还是我的先生、孩子们的爸爸——豆果爹，感谢他和我一起，创造了这所有的一切。也希望能和他一起，继续娃游；以及……等娃大了，我俩甩娃游！

编辑的心里话

结识豆果妈是因为邻居妈妈在朋友圈转发了【娃游记】的文章，拜读之后，深得我心，于是冒昧地联系她，之后策划、组稿、审稿、编校、排版、付型、印刷……在一系列繁杂而又有趣的工作之后，在作者们、同事们、一些有志于亲子事业的朋友们的共同努力下，《娃游记》终于面世了。

策划这个选题的时候，我的妞还是个不到一岁半的小娃娃，常去的最远的地方是外婆家附近的公园；到这本书出版，妞刚过两岁半，出了三次国，坐了一次邮轮，江浙沪周边游数次……除了我和妞爸本身就很愿意带她旅游，希望她多见世面的原因，很大程度上也是受到"娃游"理念的感召：

世界那么大，带娃去看看！

许多人不能理解为什么要带小宝宝外出，又累又麻烦又费钱……之前关于是否要带娃旅游的讨论也曾一度刷屏。可如果你有自己的孩子，就会希望他学习更多的东西，更有见识——行千里路尤胜读万卷书。比之我们的父母，我们这代70、80、90后的爸妈们可能在经济上、文化上都有一定基础，当物质保障已经足够充裕的时候，我们要用什么来丰富和滋养孩子的内心世界呢？旅游——玩中学、游中长——就是一种极佳的方式。

旅游可以将孩子学习的知识转变为生活的实际，并反过来让孩子记忆更深刻。妞有一本认识交通工具的绘本。小时候，她只会机械模仿大人所教的内容，看到汽车的图片说汽车，看到飞机的图片说飞机，但是当她二十个月第一次坐飞机以后，她真正认识了飞机，不再局限在绘本中。听到飞机飞过的声音，看到天上的飞机、电视里的飞机，她都能识别，而且还洋洋得意。孩子的知识是点滴积累的，旅游加快了积累的速度，提升了质量。妞爸一直感慨，每次旅游回来，感觉女儿就一下子长大了很多，懂事了很多。

除了知识的积累，孩子在旅游中也利于养成好的习惯。由于外出需要坐各种交通工具，安全意识就不可或缺。妞在多次的旅游和平日的外出中养成了坐安全座椅和系保险带的习惯，无论是轿车、长途汽车、飞机，她都能自觉地做好这项安全准备，不吵不闹，甚至还能教育不愿坐安全座椅的小弟弟："勿坐好矮凳，要拐搞额（不坐安全座椅，要摔跤的）。"此言一出，令一众大人都刮目相看。这是她在旅游过程中耳濡目染（其他人也都系安全带），与人交流（乘务员会提醒大家），实际体验（急刹车时感到危险）之后学习并养成的好习惯，与之相似的很多好习惯都将令她受益终生。作为妈妈，我为之骄傲和高兴。

有了自己的孩子，就会希望有更多时间和他在一起——一起旅游是最好的陪伴。年轻的爸爸妈妈都在为生计奔波，平日照顾孩子的时间有限，而旅游是全家日夜相守、时时相伴的，对于增进亲子间的亲密度，提升亲子关系质量的益处显而易见。有位妈妈在第一次带孩子旅游一周后对我说，平时上班的他们从不知道自己一岁多的儿子原来已经学会了很多"本领"，而这一周的相处让孩子和他们，尤其是和爸爸变得更亲密。她兴奋地说："下次，我们还要一起出去玩！"

将"娃游"的理念传播给更多的人，是我们策划这本书的初衷。而为了让孩子和爸妈更开心地玩耍，《娃游记》的达人爸妈们倾囊相授，于是乎，在这里，你会看到一篇篇精彩纷呈的游记和攻略，慢慢地，你会发现"娃游"不再是一件难事，并能从中体验到无与伦比的乐趣。

时光匆匆，孩子很快就长大了。在他们还愿意和爸妈一起旅游的年龄，带他们一起去吧，在一起的时光、拍下的照片、感动的瞬间都将是你和孩子一生的珍藏。

Sisi 妈
2016 年五一苏州行前

图书在版编目（CIP）数据

娃游记：幼童版 / 豆果妈等著 . -- 上海：上海社会科学院出版社, 2016
ISBN 978-7-5520-0343-7

Ⅰ. ①娃… Ⅱ. ①豆… Ⅲ. ①旅游指南－世界 Ⅳ. ①K919

中国版本图书馆 CIP 数据核字 (2015) 第 238388 号

娃游记：幼童版

作　　者：	豆果妈　等
责任编辑：	杜颖颖
设计制作：	黄婧昉
出版发行：	上海社会科学院出版社
	上海市顺昌路 622 号
	电　话 021-63875741
	http://www.sassp.org.cn
印　　刷：	上海雅昌艺术印刷有限公司
开　　本：	889×1194 毫米　1/24 开
印　　张：	9
字　　数：	190 千字
版　　次：	2016 年 5 月 第 1 版　　2016 年 5 月 第 1 次印刷

邮　编 021-63315900
销售热线 021-53063735
E-mail:sassp@sass.org.cn

ISBN 978-7-5520-0343-7/K · 291　　　　定　价：39.80 元

版权所有　翻印必究